Vilém Flusser

Einführung

Oliver Bidlo,
Dr. phil., wurde 1973 in Essen geboren. Magisterstudium der Kommunikationswissenschaft, Soziologie und Germanistik. Promotion im Fach Kommunikationswissenschaft. Wissenschaftlicher Mitarbeiter an der Universität Duisburg-Essen und Lehrbeauftragter der Ruhr-Universität Bochum.

Oliver Bidlo

Vilém Flusser
Einführung

Bibliografische Information der Deutschen Nationalbibliothek
Die Deutsche Nationalbibliothek verzeichnet diese
Publikation in der Deutschen Nationalbibliografie;
detaillierte bibliografische Daten sind im Internet
über http://dnb.ddb.de abrufbar.

Lerchenstraße 37, 45134 Essen
www.oldib-verlag.de, info@oldib-verlag.de
Umschlaggestaltung: Oliver Bidlo
Umschlagfoto: Bernd Bodtländer
www.bernd-bodtlaender.de
Druck: Books on Demand GmbH, Norderstedt

ISBN 978-3-939556-07-7

Inhalt

Übersicht Biographie

1920 Am 12. Mai wird Vilém Flusser als Sohn von Gustav und Melitta Flusser geboren. Gustav Flusser war Mathematiker und Physiker, lehrte u.a. an der deutschen Universität in Prag.

1939 Flucht vor den Nationalsozialisten zusammen mit seiner späteren Frau Edith Barth und ihren Eltern nach London. Kurze Fortsetzung seines Philosophiestudiums in London.

1940 Flucht nach Brasilien aus Angst vor einer deutschen Invasion in England.

1941 Heirat mit Edith Barth. Geburt der Tochter Dinah

1943 Sohn Miguel Gustavo wird geboren.

1957/58 Flusser schreibt an der Arbeit „Die Geschichte des Teufels“.

1963 Erste Buchveröffentlichung „Lingua e Realidade“ (Sprache und Wirklichkeit). Er wird Dozent für Kommunikationstheorie an der Universität Sao Paulo.

1967 Professur für Kommunikationstheorie an der Universität Sao Paulo, die Flusser bis 1970 bekleidet.

1972 Flusser siedelt mit seiner Frau nach Europa, Meran in Südtirol, über. Er lebt und arbeitet als freier Autor und Wissenschaftler.

1974 Beginn mit der Arbeit „Phänomenologie der menschlichen Gesten“.

1977/78 Seine Arbeit „Kommunikologie“, in der er seine kommunikationsphilosophischen Gedanken verfasst, erscheint.

1983 Seine erste Buchveröffentlichung in Deutschland

„Für eine Philosophie der Fotografie“.

1991 Auf Einladung Friedrich Kittlers wird Flusser Gastprofessor an der Ruhr-Universität Bochum. Die „Bochumer Vorlesungen“ entstehen, welche als Audioaufzeichnungen vorliegen. Flusser stirbt im November bei einem Autounfall in der Nähe der deutsch-tschechischen Grenze.

Vorwort

Schreibt man eine Einführung über etwas oder jemanden, münden die ersten Überlegungen in der Frage: An wen soll sich die Einführung richten, für welches Lesepublikum soll es geschrieben sein? Hierbei spielt nicht nur das zu vermutende Vorwissen der Lesenden ein Rolle, sondern auch die fachliche Ausrichtung, zumal es sich bei Vilém Flusser um einen Denker handelt, der sich auf unterschiedlichen Feldern und zwischen verschiedenen Fächern bewegt hat. Diesem Umstand ist es geschuldet, dass die vorliegende Einführung sich an (angehende) Kommunikations- und Medienwissenschaftler, Philosophen, Designer, Architekten und an alle interessierten Laien richtet, die sich mit dem Denken Flussers bekannt oder einen schnellen Überblick darüber machen möchten. Aber auch jene, die bereits einige akademische Weihen hinter sich haben, finden möglicherweise die ein oder andere dienliche Stelle, Anregungen oder Auffrischung von bereits Vorhandenem. Natürlich verfährt eine solche Einführung immer selektiv, sie muss eine Auswahl treffen. Dennoch versucht sie, einen möglichst repräsentativen Querschnitt in der Vorstellung des Flusserschen Denkens und Arbeitens zu geben und soll anregen, sich schließlich mit den Primärtexten Flussers vertraut zu machen. Natürlich bleiben dennoch einige Themen unbesprochen, zudem fehlt bei anderen eine tiefere und weiterführende Beschäftigung. Dies wiederum kann und will diese Einführung nicht leisten. Vielmehr möchte sie hierfür ein Impulsgeber sein.

Die Einführung ist weitestgehend modular aufgebaut, so dass die Kapitel nur bedingt aufeinander aufbauen und angeordnet sind und daher auch einzeln und unabhängig voneinander gelesen werden können. Aus diesem Grund lässt sich eine gewisse Redundanz – wie man sie auch in Flussers Werk wiederfindet – nicht vermeiden. Vielmehr dient sie dazu, Flussers Ideen in verschiedenen Kontexten darzustellen und dadurch ein Verständnis für sie zu eröffnen.

Gedankt sei an dieser Stelle Marcel René Marburger und Rodrigo Barria-Knopf vom Flusser-Archiv für die Unterstützung der Titelbildsuche und -auswahl.

1. Einführung

Als was will man Vilém Flusser bezeichnen? Er war sowohl Medientheoretiker, Kulturanthropologe, Kommunikationsforscher als auch Philosoph. Dabei war er kein reiner Akademiker, sondern bewegte sich fachlich, methodisch und sprachlich zwischen vielen Stühlen. Er selbst sprach über sein Verhältnis zur Universität: „Es ist mir nie gelungen, mich in den Apparat der Schule einzureihen. Mein Verhältnis zu meinen Kollegen war für mich beinahe unerträglich, und ich konnte ihrem Spiel um Status nie ohne Widerwillen zusehen. Die meisten meiner Schüler hatten es auf Diplom und Karriere abgesehen, und ich hatte ihnen ebensowenig zu bieten wie sie mir."[1]

Seine Art und Weise des Schreibens ist übrigens dieser Sichtweise angelehnt. Man findet kaum Nachweise oder Quellenangaben in seinen Schriften, dennoch sind Flussers Texte ein Hort der Intertextualität, die sich nicht nur auf fremde, sondern auch auf seine eigenen Ideen und Arbeiten beziehen. Im Zuge der Auseinandersetzung mit seinen Ideen und seinem Denken zeigen sich einzelne wiederkehrende Kristallisationspunkte, die von Flusser selbst an einigen Stellen ausgewiesen wurden: Buber, Hegel, Heidegger, Husserl, Jaspers, Kant, Platon oder Wittgenstein, um einige zu nennen.

Flussers Art zu denken und zu schreiben ist anders; es „ist radikalisiertes Möglichkeitsdenken und deshalb immer auf dem Sprung."[2] Die ihm eigene Form der Textproduktion ist die des Essays. Sie unterstreicht Flussers *Sprunghaftigkeit* in unterschiedliche Felder des Denkens und lässt ihm die Möglichkeit des fortlaufenden Entwurfs. Ihm geht es um kurze und prägnante Auseinandersetzungen und nicht um den Bau einer allgemeinen Theorie. Flusser gibt mitunter sogar eine *Gebrauchsanleitung* für das Lesen seiner Aufsätze, in denen er auf einen weiteren wichtigen Punkt verweist. In *Nachgeschichte. Eine korrigierte Geschichtsschreibung* betont er: „Und sie sind geschrieben, um vorgelesen zu werden. Ihr Stoff ist gedrängt und verlangt, dialogisch durchgesprochen zu werden."[3] Er sucht nach der Aufbrechung der von ihm selbst konstatierten Diskursivität und eingegrenzten Kreativität in der papierhaften Textproduktion. „Schreibt man auf Papier, dann ist man gezwungen, seiner Kreativität Grenzen zu setzen."[4] Wichtige, wiederkehrende Begriffe, die Flussers Denken geprägt und sich in seiner Arbeit verankert haben, sind an dieser Stelle schon genannt: Möglichkeitsdenken, Feld, Entwurf, Dialog, Diskurs. Diese und weitere Begriffe werden im weiteren Verlauf mit Inhalt gefüllt.

Flussers Bekanntheit und Erfolg als philosophischer Autor und Essayist steht wesentlich mit der technologischen Entwicklung und der ihr entgegengebrachten Euphorie der späten 1980er Jahre in Verbindung. Als solches waren es besonders seine medientheoretischen Überlegungen, die für Beachtung sorgten und die heute zu den wichtigen Theorien der Medienphilosophie und Kommunikationswissenschaft zählen. Daran anschließend wurde Flusser als Medienphilosoph gefeiert, aber sein Werk oft auf medienphilosophische Perspektiven reduziert. Das hat zur Folge, dass die Spannbreite seines Werkes zu selten in den Blick gekommen ist. Flussers Gedanken zählen derweil zu den klassischen und einflussreichen im Bereich der Medientheorie.[5]

Über Flussers vielfältige Arbeiten lässt sich im Rahmen einer Einführung immer nur unter Verlust ein Schwerpunkt seines Wirkens benennen oder besondere Arbeiten hervorheben. Versucht man dennoch eine Setzung, lässt sich die menschliche Kommunikation – die zwischenmenschlichen Beziehungen – in ihrer Vielfalt und in ihrem Wandel als ein Schwerpunktthema ausweisen. Flusser bezeichnet die Lehre von der menschlichen Kommunikation als *Kommunikologie*. Menschliche Kommunikation ist ihm ein kultureller Vorgang, der sich auf die Erfindung von zu Codes organisierten Symbolen gründet. Diese Codes verhüllen die Natur, und diese Hülle ist für Flusser die Kultur. Und da die Welt der Symbole gedeutet und nicht erklärt werden muss, sie also interpretativ anzugehen ist, verortet er die menschliche Kommunikation in den Bereich der Geisteswissenschaft und verzichtet darauf, „in der Symbolisierung ein ‚biologisches' Phänomen zu sehen."[6] Flusser beschaut und untersucht, wie über den kommunikativen Prozess Informationen gespeichert, verändert und weiterverteilt werden und kommt darüber zu einer Sichtweise und Bewertung von (Medien)Technologie, durch die er einen Wandel im zwischenmenschlichen Verhältnis konstatiert. Die Codes, mit denen und durch die sich die Menschen verständigen und der Welt einen Sinn zu geben vermögen, wandeln sich. Er sieht sogar einen „Umsturz der Codes" durch TV, Video und Computer, den er in seiner Heftigkeit mit der industriellen Revolution und ihrer Auswirkung auf die Arbeitswelt gleichsetzt. In diesem Zusammenhang sieht Flusser dann eine sich neu entstehende Gesellschaftsform herausbilden, die von der Botschaftsteilung bestimmt wird – dem Wechselspiel von Empfängern und Sendern von Botschaften. Und wie die Pointierung beider Aspekte ausfallen wird, entscheidet über eine faschistische Gesellschaft, d.h. wenige Programmatoren sind Sender von Botschaften an die Massenkultur; oder über eine emanzipatorische Gesellschaft, d.h. alle Menschen besitzen die Möglichkeit zum Dialog, zur wechselseitigen Beziehungsaufnahme. In diesem kurzen Abschnitt ist bereits auf wesentliche Aspekte des Flusserschen Werkes hingedeutet. Ausgehend vom Menschen, seinen Codes, der Sprache, seinen Gesten, weitergehend in Richtung Bilder und Technobilder hin zu technischen Apparaturen wie TV, Video oder Computer wirft Flusser einen Blick auf die damit einhergehenden Veränderungen in der menschlichen Kommunikation und den Auswirkungen auf die Gesellschaft. Das ist das weite Feld, in dem sich die Flusserschen Gedanken bewegen. Überdies hat Flusser immer auch nach neuen *Verständigungsformen* gesucht, die mit neuer kreativer Kraft verborgene Möglichkeiten erschließen vermögen. Diese führten ihn zur Kunst als eigenen – von Philosophie und Wissenschaft abgesetzten – Interpretations- und Wahrnehmungsraum. Kunst besitzt die Funktion, andere Welten zu erschaffen und ermöglicht den Zugang zu anderen Wirklichkeiten. Das Kunstwerk tritt mit seinem Beobachter in einen prozesshaften Dialog. Kunst ist dergestalt eine eigene Kommunikationsform. Dieser Dialog kann zur Entfaltung von Erfahrungen, Wissen und Erweiterung des eigenen Erkenntnishorizonts und der Weltbetrachtung führen. Und im weiteren Verlauf des Flusserschen Denkens, wenn er sich den Menschen vom Subjekt zum Projekt entwickeln sieht – und damit das „Abenteuer der Menschwerdung“[7] in eine neue Phase tritt –, steht dann wiederum die Aufhebung er Kluft zwischen Kunst und Wissenschaft. Denn beide besitzen nur zu verwirklichende Möglichkeiten, die sie in Wirklichkeit gerinnen lassen können.

Flusser warf zwar selbst einen kritischen Blick auf die Medien und ihre schnelle Entwicklung, aber in seiner Arbeit blieb er nicht bei einer reinen Medienkritik stehen, sondern nahm auch die unglaublichen Möglichkeiten, das große Potential der Medienentwicklung in den Blick. So ist sein Werk kein kulturpessimistisches, auch wenn Kulturkritik den Anfang seines

Denkens kennzeichnet, sondern lässt im Verlauf immer wieder die Hoffnung durchschimmern, dass die neuen Medien das Potential besitzen, eine neue Gesellschaft entstehen zu lassen, die dialogisch auf Freiheit, Kreativität und Partizipation aufgebaut ist. So ist letztlich Flussers Entwurf einer telematischen Gesellschaft, ein hoffnungsvolles Bild einer möglichen Entwicklung, die in den neuen Medien grundsätzlich angelegt ist. Und wir finden in dem Entwurf zudem eine Reihe bisher partiell gebliebener Überlegungen, die sich dann als Grundgedanken in die telematische Gesellschaft verorten lassen. Ein Beispiel sind Flussers einzelne Überlegungen zu Themenfeldern wie Design, Architektur, Wohnung oder Städtebaus, die in ihrem Ergebnis als ein Teil der telematischen Gesellschaft verstanden werden können.

Flussers erstes veröffentlichtes Buch in Deutschland ist das 1983 erschienene *Für eine Philosophie der Fotografie.* Vorherige Anläufe zur Publikation mit anderen Manuskripten waren zunächst gescheitert. *Für eine Philosophie der Fotografie* zählt heute zu den grundlegenden medienphilosophischen Werken in diesem Bereich. Flusser fordert dort, sich gegen den Apparat und dessen Programm zu stellen, sich der Gebrauchsanweisung zu verweigern, um nicht ein Appendix des Apparats zu werden. Der Mensch darf nicht nur ein programmierter Funktionsträger der Apparate sein.

Die Art der Herangehensweise an Probleme und Mannigfaltigkeit von Flussers Themenauswahl kann auf einen biographischen Aspekt hindeuten – seine Biographie spielt im Hinblick auf die Ausrichtung seines Denkens eine besondere und unmittelbare Rolle –, der scheinbar als Verstärkung und in gewisser Hinsicht die Struktur der Themen mitbestimmt hat: Es ist sein Nomadentum, das sich räumlich, geistig und sprachlich ausdrückt. Flusser war zeitlebens unterwegs. Zunächst gezwungen durch die nationalsozialistische Verfolgung floh er von Prag nach London und von dort wenig später nach Brasilien. Nach vielen Jahren zog es ihn zurück nach Europa, wo er rastlos umher reiste. Flusser sprach mindestens vier Sprachen fließend, schrieb Arbeiten in verschiedenen Sprachen, übersetzte und rückübersetzte sie häufig selbst. Er sprach davon, dass die verschiedenen Sprachen auch zu einer je anderen Art des Denkens führten.[8] Dergestalt speist sich die Vielfalt von Flussers Werk aus den unterschiedlichen Themen, den verschiedenen Sprachen, in denen die Arbeiten produziert wurden, und den unterschiedlichen Stilformen seiner Texte, in denen man allerdings die Form des Essays am häufigsten vorfindet. Zudem waren die mündliche Rede und das Gespräch seine bevorzugten Ausdrucksmittel, mit denen er seine Zuhörerschaft begeistern konnte.

Vilém Flusser wurde am 12. Mai 1920 in Prag als erstes Kind einer jüdischen Intellektuellenfamilie geboren und wuchs in der anregenden Atmosphäre des Prag der 1920er und 30er Jahre auf. Prag war zu jener Zeit ein Fokus der tschechischen, deutschen und europäisch-jüdischen Kultur, der eine wechselseitig befruchtende Spannung im dortigen Geistesleben hervorbrachte. Es war ein weltoffener Humanismus, der sich durch die Gassen und Viertel Prags zog. Aber Prag war auch eine Stadt, in der ein „existentielles Klima" herrschte, in der sich die Frage nach Identität, nationaler und sprachlich-kultureller Zugehörigkeit besonders stellte: „Selbstredend, man war Prager, das stand nicht in Frage. Es war der Boden, auf dem sich alle anderen Fragen stellten. Aber war man als Prager Tscheche, Deutscher oder Jude? War man überhaupt berechtigt, die jüdische Dimension mit den beiden anderen auf dieselbe Linie zu stellen? Mußte man sich zwischen diesen Alternativen entscheiden, oder waren sie irgendwie gegeben?"[9]

Nach dem Einmarsch der Nationalsozialisten in Prag im Jahre 1939 sollten diese Fragen zur existentiellen Frage werden. Die Frage nach der modernen Identitätskonstruktion spielt in Flussers Arbeiten eine wichtige Rolle. Ohne hier bereits vorweggreifen zu wollen, sei darauf hingewiesen, dass Flusser sich in seinen späteren Arbeiten von der Vorstellung der Identität als einen harten Ich-Kern trennt und das Ich als ein Knäuel von durchlaufenden Kommunikationen versteht.

Vilém Flusser selbst stammte aus einer gut bürgerlichen Familie. Sein Vater, Gustav Flusser, hatte in Prag ab 1903 begonnen Mathematik und Physik an der deutschen Universität in Prag zu studieren. Er besuchte zudem Vorlesungen zur Philosophie und deutschen Literatur. Nach bestandener Lehramtsprüfung 1908 nahm er ein Jahr später eine Tätigkeit als Lehrer an der deutschen Handelsakademie auf. Gustav Flusser heiratete 1919 Melitta Basch, die Tochter einer Prager Fabrikantenfamilie. Er nahm aktiv am gesellschaftlichen Leben der deutsch-jüdischen Gemeinschaft teil und arbeitete redaktionell an der 1921 erstmals erschienenen Zeitschrift „Die Wahrheit" mit, die „sich an ein intellektuelles Publikum in der Tschechoslowakei und in Mitteleuropa wandte."[10] Inhaltlich wurden Beiträge über den christlich-jüdischen Dialog und der jüdischen Ideen- und Kulturgeschichte publiziert. Zudem wurden hierzu öffentliche Diskussionen organisiert. Gustav Flusser wirkte durch Übersetzungen und Beiträge zur Rubrik „Zeitschriftenstimmen" mit, die er redaktionell leitete. Seine Mitarbeit ließ Ende der 1920er Jahre nach, und er beließ es dann bei sporadischer Unterstützung in Fragen der Bildungspolitik. Mit dem Einmarsch der Deutschen und der Besetzung Prags 1939 änderte sich für die Prager Juden das bisherige Leben. Nunmehr reduzierte sich ihre Identität auf das „Jüdische". Gustav Flusser stand bereits im Sommersemester 1939 nicht mehr im

Vorlesungsverzeichnis der deutschen Universität in Prag, an der er ebenfalls lehrte. Im selben Jahr wurde er verhaftet und im Laufe des Jahres vom Prager Gefängnis ins Konzentrationslager Dachau verschleppt. Er starb dort 1940 im Alter von 55 Jahren. Seine Frau Mellita, die Eltern mütterlicherseits und ihre Tochter Ludovíka, Vilém Flussers jüngere Schwester, wurden zunächst nach Theresienstadt und dann 1943 ins Vernichtungslager Auschwitz verschleppt, dem sie zum Opfer fielen.[11]

Vilém Flusser begann im Jahr 1938 an der Prager Karlsuniversität ein Philosophiestudium, das durch die Besetzung der Deutschen nach zwei Semestern plötzlich unterbrochen wurde. Die drei zuvor ineinander verwobenen kulturellen Bestandteile Prags – das tschechische, deutsche und jüdische – fielen mit dem Einmarsch der Deutschen in Prag auseinander; und Prag verlor in dieser Zeit sein daraus resultierendes besonderes Geistesleben. Flusser selbst beschreibt diesen Vorgang später:

„Dann kamen die Deutschen nach Prag, ein erwartetes und doch unglaubliches Ereignis. Es war nicht nur unglaublich, daß sie da waren, sondern noch unglaublicher war, wie sich alles durch ihre Anwesenheit wie durch einen Zauberstab verwandelt hatte. [...] Die brutale, vulgäre Gegenwart der exotischen Uniformen mit ihren verlogen romanischen Helmen, ihren gewichsten Stiefeln und ihrer tierisch-materiellen Gier nach den Waren in unseren Läden war nur ein Katalysator für eine unglaubliche Veränderung in der ganzen Umgebung. [...] Man war plötzlich von lauter lauernden, falsch lächelnden Gesichtern umgeben. Man war ein Tier, das in die Ecke getrieben war, und die Meute (die früheren Freunde) wartete auf die beste Gelegenheit, einem den Todesstoß zu geben.“[12]

Im März 1939 floh Flusser mit seiner späteren Frau Edith Barth und ihren Eltern nach England. Es war ein Bruch mit Prag, denn alle Menschen, mit denen er dort verbunden gewesen war, sind umgebracht worden. „Die Juden in Gaskammern, die Tschechen im Widerstand, die Deutschen im russischen Feldzug.“[13] Prag steht für Flusser in diesem Spannungsfeld: Sie gilt ihm als eine der schönsten Städte, mit unbeschreiblicher Pracht und monumentalem Ausdruck, zugleich ist sie aber auch Schauplatz eines unbeschreiblichen Unheils. Seine eigenen Eltern blieben zurück und überlebten die Naziherrschaft nicht. In einem autobiographischen Aufsatz spricht Flusser über die Auswirkungen dieser Erlebnisse:

„Ich überlebte betäubt das bestialische und blöde ›Erdbeben‹ des Nazismus (das meine Welt verschlang und zwar nicht nur meine Anderen und meine Dinge, sondern auch meine Wertmaßstäbe, die meine Welt strukturiert hatten).“[14]

In London nahm Flusser 1939 sein in Prag begonnenes philosophisches Studium an der London School of Economics kurz wieder auf, bis er bereits im August 1940 zusammen mit Familie Barth England aus Angst vor einer deutschen Invasion verließ und nach Brasilien auswanderte. Dort wurde seine akademische Laufbahn unterbrochen, auch aufgrund der Lebensumstände, unter denen er „am Tag Geschäfte trieb und in der Nacht philosophierte.“[15] Zu jener Zeit war Flusser nicht institutionell gebunden, was sicherlich mit zu seinem unkonventionellen Denken beigetragen hat. Sein zu jener Zeit abgekapseltes Philosophieren hatte auch mit dem Umstand zu tun, dass die Ereignisse des zweiten Weltkrieges, die Judenvernichtung und der Tod seiner Eltern kein vorbehaltloses Philosophieren, ein Einsaugen der Philosophie in ihm zuließ, sondern Philosophie wurde für ihn zunächst ein Spiel mit Gedanken und Systemen. Ein Spiel der freien Kombination und des Ausprobierens.

Flusser lebte die nächsten zweiunddreißig Jahre in Brasilien. Im Laufe der Zeit erschienen einige Essays über Kunst und Literatur in einigen Zeitschriften, die ihn zunehmend bekannter werden ließen. Er traf sich häufiger mit brasilianischen Intellektuellen und fand so 1959 Anschluss an die Universität São Paulo, wo er Dozent für Wissenschaftsphilosophie wurde. Im Jahr 1962 wurde er Mitglied des Brasilianischen Philosophischen Instituts und daran anschließend 1963 Professor für Kommunikationsphilosophie.[16] In diesem Jahr erschien auch Flussers Erstlingswerk *Lingua e Realidade* (Sprache und Wirklichkeit), das aus seiner intensiven Beschäftigung mit der Sprachphilosophie u.a. Wittgensteins, Carnaps, Mauthners, Cassierers und Jespersens entstanden ist. Da Flusser formal betrachtet noch keinen akademischen Abschluss hatte, wurde das Buch als äquivalente Arbeit für die Promotion eingestuft, so dass er für die Dozententätigkeit an einer brasilianischen Universität die nötige formale Qualifikation besaß. Inhaltlich folgt Flusser in *Lingua e Realidade* der These, dass „der menschliche Geist aufgrund seiner existentiellen Lage auf die Entdeckung einer Ordnung der Welt, dem Hervorbringen von Sinn angewiesen ist."[17] Diese Aufgabe übernimmt die Sprache, sie ist der eigentliche Schöpfer der Wirklichkeit, sie stellt die Ordnung der Welt auf. Und das Gespräch bzw. die Teilnahme daran verwirklicht Gesellschaft, verwirklicht den Menschen. Mensch und Gesellschaft entstehen und entwerfen sich selbst durch Kommunikation.

Bereits Ende der 1960er Jahre reiste Flusser häufiger nach Europa, und seine Aufenthalte wurden von Mal zu Mal länger. Konflikte mit der seit 1964 in Brasilein herrschenden Militärdiktatur führten dann zum Verlassen Brasiliens. Zu Beginn der 1970er Jahre siedelte Flusser mit seiner Frau nach Europa über und ließ sich in Meran, später dann in der Provence nieder. Er blieb aber weiterhin Mitglied des Brasilianischen Instituts für Philosophie und der Brasilianischen Gesellschaft für Wissenschaftsgeschichte.[18] Flusser schrieb und publizierte in den 1970er Jahren in englisch, französisch und deutsch. Das bereits erwähnte Buch „Für eine Philosophie der Fotografie" von 1983 brachte Flusser in Deutschland eine große Aufmerksamkeit. Die 1980er Jahre sind ebenfalls geprägt von Flussers Reiselust. Er besuchte Tagungen und hielt eine Vielzahl von Vorträgen. Im Jahre 1990/1991 übernahm Flusser an der Ruhr-Universität Bochum eine Gastprofessur und hielt dort unter anderem die Seminare „Was ist menschliche Kommunikation?", „Kommunikationsstrukturen", „Kommunikologie als Kulturkritik". Die Bochumer Vorlesungen liegen als Audio-Aufnahmen vor und sind über die Seiten des Flusser-Archivs zu erreichen. Flusser maß dem mündlichen Vortrag einen hohen Stellenwert zu, da dieser gegenüber einem Text den Vorteil habe, das Denken wesentlich freier wiederzugeben. In seinen Augen werde mit dem Durchgang des Denkens durch die Schreibmaschinentasten auf das Papier, die Lebendigkeit des Denkens beschnitten.[19]

Flusser hielt seinen letzten Vortrag im November 1991 im Prager Goethe-Institut, der Titel lautete „Massenkommunikation, elitäre Kommunikation und Paradigmenwechsel". Auf der Rückreise kam er an der deutsch-tschechischen Grenze bei einem Autounfall ums Leben und wurde auf dem jüdischen Friedhof in Prag beigesetzt.

2. Quellen seines Denkens

Flusser wurde von einer Vielzahl von Strömungen und Gedanken anderer Theoretiker inspiriert und beeinflusst. An dieser Stelle sollen einige wenige inhaltliche Aspekte thematisiert werden, die Flussers Arbeit beeinflusst haben. Flusser selbst gibt in seiner Autobiographie einen Zusammenschnitt der Quellen, die ihn besonders angeregt haben. Allerdings findet sich in seinen Texten selbst nur an manchen Stellen ein ausdrücklicher Hinweis auf bestimmte Bezugspunkte, meist bleibt ein Verweis unerwähnt oder verborgen und angedeutet. Für ein Verständnis seiner Arbeit ist es ohne Zweifel von Vorteil, wenn man zumindest mit einigen jener Grundgedanken vertraut ist, die ihn entweder negativ-absetzend oder positiv-vorantreibend beeinflusst haben. In einem autobiographischen Aufsatz von 1969 mit dem Titel „Auf der Suche nach Bedeutung“ wirft Flusser eine erste eigene Analyse über Anstöße, Einflüsse und die Entwicklung seines Denkens auf.

Er selbst bezeichnet Kant als seine „Katharsis“.[20] Daran anschließend hat er sich besonders mit dem Neukantianismus auseinandergesetzt, einer im 2. Drittel des 19. Jahrhunderts einsetzenden philosophischen Strömung, die sich gegen einen – aufgrund der Erkenntnisse in den Naturwissenschaften – sich zunehmend ausbreitenden Materialismus formierte. Eine bedeutende Richtung des Neukantianismus war die Marburger Schule, die von Flusser umfassend gelesen wurde. Als ihr Begründer gilt Hermann Cohen, der in Marburg von 1876 bis 1912 lehrte und sich auf eigenen Wunsch emeritierte und von 1913-1918 in Berlin an der „Lehranstalt für die Wissenschaft des Judentums“ lehrte. Cohen legte mit *Kants Theorie der Erfahrung* 1871 einen Kantkommentar vor, der für den Neukantianismus in philologischer und philosophischer Beziehung ein maßgebliches Werk wurde. Zusammen mit seinem Schüler Paul Natorp, der sich 1881 bei Cohen über Descartes habilitierte und ab 1892 Professor in Marburg wurde, gelten sie als Begründer und erste Generation der Marburger Schule. In den neunziger Jahren des 19. Jahrhunderts hatte sich ein fester Kreis von philosophischen Schülern in Marburg gebildet zu denen u.a. Karl Vorländer, Ernst Cassirer und Nicolai Hartmann gehörten.

Natorp und Cohen arbeiteten an einer Fundierung und Weiterbildung der kantischen „transzendentalen Methode". Unter „transzendental" versteht Kant all jene Erkenntnis, „die sich nicht so wohl mit Gegenständen, sondern mit unserer Erkenntnisart von Gegenständen, so fern diese a priori möglich sein soll, überhaupt beschäftigt."[21] Im Gegensatz zu Kant verwerfen sie den Dualismus von Ding an sich und Erscheinung als zwei Formen der Erkenntnis. Ihre Überlegungen münden in den Arbeiten *Logik der reinen Erkenntnis* (1902) von Cohen und in Paul Natorps *Die logischen Grundlagen der exakten Wissenschaften* von 1910. Die Marburger Schule fokussierte besonders auf den Zusammenhang der Philosophie mit der Mathematik und mathematischen Physik. Die methodische Weiterbildung Kants und ihren Charakter überhaupt legte Natorp in seiner Programmschrift *Kant und die Marburger Schule* im Jahr 1912, in der er die folgerichtige Weiterführung der kantischen Philosophie darlegt.

Ernst Cassirer schloss sich Ende der 1890er Jahre der Marburger Schule an und promovierte mit der Arbeit „Descartes' Kritik der mathematischen und naturwissenschaftlichen Erkenntnis" in Marburg. Bekannt wurde Cassirer durch sein kulturphilosophisches Hauptwerk *Philosophie der Symbolischen Formen* (1923-1929). Das Werk gehört bis heute zu einem

Grundlagenwerk der Philosophie des 20. Jahrhunderts. Zugleich ist es eine der bedeutsamsten Publikationen des Neukantianismus. Cassirers Zentralbegriff ist das *Symbol*. Es ist uns nicht möglich, die Welt unmittelbar zu erfassen oder wiederzugeben. Wir benötigen dafür Symbole, ein System von Zeichen, das es uns ermöglicht, die Welt zu erfassen und uns dann zeichenvermittelt mit ihr auseinander zu setzen bzw. über sie zu kommunizieren.

Flusser selbst teilt sein bis dahin vorhandenes Werk – das zu diesem Zeitpunkt bis ins Jahr 1969 reicht – und sein Arbeiten in drei bzw. vier größere Phasen ein,[22] die durch Veränderungen in seinen Texten und zugleich durch Ereignisse in seinem Leben gekennzeichnet sind. Seine Jahre in Brasilien können als erste Phase bezeichnet werden. Die Einteilung, auch wenn sie von Flusser selbst vorgenommen wurde, dient nur als eine erste Hilfestellung für die Annäherung an seine Arbeit.

Flusser begann in dieser ersten Phase ausführlich über die Sprache zu lesen, sein philosophisches Interesse galt Wittgenstein, Russell und den Texten des Wiener Kreises. Der Wiener Kreis war eine Gruppe von Philosophen und Wissenschaftlern, die sich im Wien der 1920er und 1930er Jahre traf und dort die wissenschaftstheoretische Position des logischen Empirismus, der auch logischer Positivismus oder auch Neopositivismus genannt wurde, formulierten. Mitglieder dieser Gruppe waren z.B. Moritz Schlick, Rudolf Carnap, Friedrich Waismann oder Otto Neurath. Das philosophische und wissenschaftliche Ziel des Wiener Kreises war es, alle wissenschaftlichen und philosophischen Aussagen in eine genaue formale Sprache (zum Beispiel in die der Mathematik) zu übersetzen, um so die Gegenstände der Philosophie eindeutig zu formulieren und darzustellen. Prägend für das Denken des

Wiener Kreises zu jener Zeit war daran anschließend die Vorstellung einer nur auf logische Stimmigkeit beruhenden Sinnhaftigkeit der Welterfassung. Daraus folgernd gäbe es keinen Unterschied zwischen der Natur- und Sozialwelt und somit übrigens auch keine methodologischen Besonderheiten der Sozialwissenschaften. Beeinflusst wurde diese Strömung u.a. durch die Arbeiten Ludwig Wittgensteins. Ein bekanntes Buch aus diesem Umfeld stammt von Carnap und trägt den Titel „Der logische Aufbau der Welt“. In Abgrenzung zu diesem positivistischen Weltverständnis jener Zeit nannte Alfred Schütz, der Begründer der phänomenologischen Soziologie, übrigens sein bekanntes Werk „Der sinnhafte Aufbau der sozialen Welt“ – eine Fundierung der verstehenden Soziologie Max Webers – in Anspielung und Abgrenzung zu Carnaps Schrift und des Wiener Kreises.

Daran anschließend wendete sich Flusser allmählich der Existentialphilosophie Heideggers und Sartres zu. Heidegger schließt an Husserls Phänomenologie an und Flusser sowohl an Husserl als auch ambivalent an Heidegger. Flusser betonte in einem Gespräch mit Hans-Joachim Lenger über Sprache, Technik, Kunst: „Ich habe Heidegger natürlich völlig ‚im Bauch‘. Aber ich kann ihn nicht vertragen. Weil ich mich nicht vertragen kann.“[23]

Flusser wandte sich in seinem Denken immer wieder naturwissenschaftlich-mathematischen Denkfiguren zu und nutzte diese später immer in seinem Vokabular und seinen Entwürfen. So sind Denkbilder, die auf Begriffe wie „Feld“, „Entropie“, „Zufall“ oder „Gravitation“ fußen, bei ihm immer wieder anzutreffen. Flusser weitete seine Lektüre zu jener Zeit weit aus auf Bereiche der Mathematik, Biologie, Psychologie, aber auch der Literatur, um dem Phänomen Sprache auf die Spur zu kommen. „Dies alles versuchte ich in meinem

Buch ‚Lingua e Realidade' zu schreiben."[24] Nach der Veröffentlichung fühlte Flusser sich frei, sich Brasilien und den dortigen philosophischen und gesellschaftlichen Problemen zu widmen.

Flusser kam im Alter von 20 Jahren nach Brasilien. Im Jahre 1940 flohen er, Edith Barth und ihre Eltern von England aus nach Brasilien. Philosophisch in Erscheinung trat Flusser erst im Alter von 40 Jahren. In dieser Zeit erlernte er die portugiesische Sprache und eignete sich, zunächst ohne Anschluss an intellektuelle Kreise oder eine Universität, seine intellektuelle Bildung an. „Als Ausländer und damit als ‚Fremder', auch wenn er eingebürgert wurde, erwarb er sich durch seine Annäherung an als ‚rechts' geltende Philosophen, durch seine Bildung als Autodidakt ohne Hochschulabschluss, durch seinen ‚literarisch-denkerischen' Stil in Verbindung mit seiner brillanten und aggressiven Intelligenz die Bewunderung vieler und die Ablehnung vieler anderer und provozierte so einen Zusammenprall zwischen seinem Denken und der brasilianischen Philosophie."[25] Der erste Gesprächspartner in der neuen Welt Brasilien war allerdings kein brasilianischer Geist, sondern ein Vertriebener wie er selbst, der Prager Jude Alex Bloch. Die erste Begegnung fand 1941 in São Paulo statt. Flusser und Bloch hatten intensive Gespräche und einen sehr engen Briefkontakt. In diesem Rahmen stellte Flusser Ideen und Überlegungen vor, während Bloch die Rolle des kritischen Zuhörers übernahm. Dergestalt wirkte Bloch auf das frühe Denken Flussers wie ein Katalysator, der ihn immer wieder zur Auseinandersetzung mit seinem Denken zwang.[26]

Zu Brasilien und der brasilianischen Philosophie hatte Flusser selbst ein ambivalentes Verhältnis. Sie war ihm zu starr und akademisch verhaftet. Und insofern folgt er Nietzsches Kritik an der akademischen Darbietung und Aufführung der

Philosophie, die ungelenk und unbeweglich ist und kein spielerisches Element enthält. Und gerade das Spielerische ist für Nietzsche und Flusser ein wichtiger Aspekt. Bei Flusser gerinnt das spielerische Denken später in die Konturierung des neuen Menschen in der telematischen Gesellschaft als einen Künstler und Spieler, auf die in Kapitel 7 eingegangen wird.

In Vicente Ferreira da Silva (1916-1963) fand Flusser einen brasilianischen Philosophen, der ihn intellektuell bewegte. Beide kamen über Heidegger zueinander, wenn auch aus unterschiedlichen Richtungen. Flusser kam über Husserl und die Phänomenologie zu Heidegger. In Heidegger erblickte Flusser ein Genie. Ferreira da Silva erkannte in Heidegger das Nachspüren des deutschen Idealismus. Flusser selbst hat die Folgen dieser unterschiedlichen Annäherung beider an Heidegger zugespitzt formuliert: „Ausschlaggebend war, daß für einen selbst der Heideggersche Schritt zurück ins Absurde des Nichts führte, während für Vincente derselbe Schritt in die Nähe des Heiligen führte.“[27] Diese Sicht da Silvas führt in Flussers Augen zu einer Dekonstrukion des Seins. Denn das Sein steht dem Heiligen im Weg. Und in der Schlussfolgerung leitet dies zur Passivität, Fatalismus und Erduldung über. Es zeigt sich ein Weltbild, das „alles menschliche Denken, Wollen und Handeln von vormenschlichen und übermenschlichen Kräften entworfen“[28] sieht. Der Mensch wird damit zu einer Marionette, zu einem Darsteller, der die Bühne, die für ihn entworfen wurde, bespielt. Flusser erblickt dennoch im Werk Ferreira da Silvas einen großen Beitrag für die Philosophie Brasiliens, den es aber trotzdem zu kritisieren gilt. Und in „Bodenlos“ unterstreicht Flusser die Kritik an Ferreira da Silva und der brasilianischen Philosophie: “Diese enzyklopädistische Erbschaft Brasiliens wurde in Vicente selbst, mit seiner theoretisierenden Wut, zu einem Paroxysmus getrieben.”[29]

Flusser hat sich weiterhin intensiv mit dem Status von Bildern der Welt, wie man es in der Nachschau bezeichnen kann, auseinandergesetzt; diese Bildwelt bildet dergleichen eine wichtige Grundlage für sein gesamtes Denken. Wie stellen Bilder Welt dar, was projizieren sie und wie repräsentieren sie die Welt? Flusser hat sich hier mit Wittgenstein, den er für den bedeutendsten Denker des 20. Jahrhunderts hielt, in seiner ersten großen Veröffentlichung *Lingua e Realidade* beschäftigt und sich mit dessen Bildtheorie auseinander gesetzt. In diesem Zusammenhang hat er auch die Isomorphieannahme Wittgensteins rezipiert.[30] Wittgensteins philosophisches Frühwerk *Tractatus logico-philosophicus* konstatiert und sieht die Probleme der Philosophie verursacht durch eine nicht ausreichende und ausgereifte Sprache. Durch ein angemessenes Verständnis der Funktionsweise der Sprache werden diese Probleme nach Wittgenstein lösbar. Dergestalt sieht Wittgenstein die eigentliche Aufgabe der Philosophie in „der Klärung der Natur unseres Denkens und Sprechens, denn nachdem diese Klärung erreicht ist, wird der Scheincharakter der traditionellen philosophischen Probleme offenbar, und diese Probleme verschwinden."[31] Angesprochen ist hier zugleich das Problem der Darstellbarkeit in Sprache; was und wie kann Sprache Zugriff auf die Welt nehmen und diese abbilden bzw. ein Bild der Welt entwerfen. Und in welchem Zusammenhang steht dann das entworfene Bild der Welt zur Welt selbst. Gibt es eine Isomorphie, eine Strukturgleichheit zwischen beiden?

Wittgenstein geht nun, zumindest in seinen frühen Schriften, von einem klassischen Abbildungsverhältnis von Welt und Sprache (und Sprachbildern) bzw. Welt und Satz aus. Sätze beziehen durch ihre logische Form auf die Wirklichkeit, genau genommen sieht Wittgenstein eine Strukturgleichheit von Sprache und Welt. Das heißt die Sprache zeichnet die

Welt auf die Weise ab, wie wir uns Bilder über die Welt machen; denn wir machen uns Bilder der Tatsachen in der Welt. Der Satz ist dann ein angemessenes Bild der Tatsachen in der Welt, sofern seine Elemente Bestandteilen der Welt gleichkommen. Er ist solcherart ein 'logisches Bild' der Tatsache, die er abbildet. Daraus ergibt sich jedoch das bekannte Problem, wie die Logik diese Abbildungsbeziehung zwischen Sätzen und Welt herbeizuführen und zu garantieren vermag. In der traditionellen Logik bis hin zum logischen Atomismus Russells wurde eine dritte Größe eingeführt, um zwischen Gedanken bzw. Sprache und der Welt zu vermitteln; dies allerdings um den Preis metaphysischer Komplikationen. Diese will Wittgenstein gerade umgehen bzw. vermeiden und versucht, indem er die Möglichkeit einer solchen Abbildungsbeziehung an das Bestehen und Funktionieren der Logik als der sich im Satz darstellenden Form interpretiert.[32] Der Satz ist in seiner Ausformung ein logisches (Ab)Bild eines Gegenstandes bzw. einer Tatsache. Die Welt wird durch Sätze dargestellt, welche entweder wahr oder falsch sind, d.h. „ob sie oder ob sie nicht darstellen, was der Fall ist; daraus folgt dann, daß die Welt alles ist, was durch die Gesamtheit wahrer Sätze dargestellt wird."[33] Brechen wir an dieser Stelle die Kurzdarstellung des Wittgensteinschen Denkens ab und halten fest: Flusser und Wittgenstein verband beide das Interesse philosophischer Probleme der Sprache. Und das Verhältnis von Bild bzw. Satz und Welt bei Wittgenstein findet in manchen Zügen Eingang in Flussers Konzeption von Bildern und Technobildern.[34]

Flusser beschreibt nun die dritte produktive Phase mit der Intensivierung seiner Beziehung zu Milton Vargas, den er bereits 1960 kennen gelernt hatte. 1967 vertrat Flusser dann seinen Freund Milton Vargas als Dozent für Wissenschaftsphilosophie an der Universität São Paulo. Die Gespräche mit Vargas – Ingenieur und Flussers brasilianischer Mentor – ließen bei Flusser die Wichtigkeit des Computers für die Zukunft der Gesellschaft aufkeimen. Obwohl noch ganz zu Beginn des Computerzeitalters, hatte Flusser schon früh eine Gespür für die zukünftige Entwicklung. Milton Vargas war es auch der Flussers Interesse an der Kommunikationstheorie weckte und Flusser unter diesem Einfluss und mit neuem Blick viel bereits Gelesenes erneut las.[35]

Eine wichtige Auswirkung auf Flussers Denken und seine Arbeiten, die bisher jedoch noch nicht von der Sekundärliteratur expliziert wurde – wenn man von einigen dünnen Paraphrasen absieht –, ist Martin Bubers dialogisches Denken bzw. seiner Dialogphilosophie. Da Bubers Einfluss ein tiefgreifender und immer wieder anzutreffender ist, sollen an dieser Stelle einige Bezugspunkte sichtbar gemacht werden. Auch im Verlauf der weiteren Kapitel wird, wo es Sinn macht, auf diese Bezugnahme rekurriert. Eine Verstärkung dieses Bezugsrahmens ergibt sich natürlich auch durch den Umstand, dass Flusser und Buber dem jüdischen Kulturkreis entstammen und beide immer wieder auf diesen Fundus zurückgegriffen haben.

In Flussers Arbeiten sind Sichtweisen Bubers explizit und implizit enthalten. Explizit sind sie dort, wo Flusser entweder selbst auf diese hinweist oder wo er die gleichen Begriffe für gleiche bzw. ähnliche Sachverhalte wie Buber nutzt. Daher fallen zunächst oberflächlich betrachtet eine Vielzahl von Begriffen bzw. Begriffspaaren auf, die in verwandter Weise, mitunter auch in abgewandelter Art und Weise, von Flusser genutzt wurden: Er spricht sinngemäß von „Bündelung“, „Verbündelung“ oder „Vermassung“,[36] wenn Buber von einem „Bündel“ spricht, in das der Mensch innerhalb einer nicht zwischenmenschlichen Gesellschaft gedrückt wird; und umgekehrt sieht Flusser die „Vernetzung“, die aus einem intersubjektiven, dialogischen Beziehungsnetz besteht als anzustrebendes Ziel eines besseren Menschen an, während Buber von einem Beziehungsfeld aus dem zwischenmenschlichen Miteinander, der „echten Gemeinschaft“ spricht, die ebenfalls der hinzielende Zustand des Menschen sein soll. Entsprechendes gilt für die Begriffe „Verwirklichen“, „Verantwortung“, „dialogischer Prozess“, „Reden und Antworten“, die bei beiden analoge und zentrale Momente innerhalb ihrer Anschauung bezeichnen.[37]

Flusser selbst wies darauf hin, dass er von Buber tief beeinflusst wurde. Er hörte Buber in Prag bei einem Vortrag der für ihn zu einem prägenden Erlebnis werden sollte. Er berichtet davon in einem Gespräch mit Patrik Tschudin:

„Ich war ein Bub von vielleicht 17, 18 Jahren, da kam der Buber nach Prag. Das hat bei mir einen unglaublichen Eindruck hinterlassen. Schon dieser große schwarze Bart und diese starke Gestalt und dieser Blick! Das war der Blick eines Sehers! Und er sprach nicht über das dialogische Leben, sondern über das Vorurteil gegen Gott. Er hat das fabelhaft gesagt. In diesem seinem Vortrag wurde mir deutlich, was Buber mit dem ›Ich und Du‹ meint, was er mit dem dialogischen Leben meint. Und so habe ich Einsicht gewonnen in die jüdisch-christliche Weisheit, wonach Nächstenliebe der einzige Weg ist, um zu Gott zu kommen.“[38]

Den weiteren Einfluss auf sein Werk expliziert Flusser in seinen Schriften kaum bzw. nur an einigen wenigen Stellen, so dass es nicht verwundert, dass bislang der Einfluss Bubers auf Flusser nicht erfasst und thematisiert wurde. Man findet bei Flusser viele Begriffe und Konzeptionen, die deutlich auf Buber und seine Dialogik verweisen. Wenn Flusser seinen Blick auf die heutigen technischen Möglichkeiten richtet, dann, um die Möglichkeit zu beschauen, eine dialogische Gesellschaft hervorzubringen. Seine entworfene telematische Gesellschaft – Dialog mit Hilfe von technischen Möglichkeiten – stellt in dieser Hinsicht seinen Verwirklichungsversuch einer Utopie dar, die auf Zwischenmenschlichkeit und dialogischen Beziehungen gründet. Flussers Unterscheidung von diskursiven Medien – im Diskurs werden Informationen verteilt und übertragen – und dialogischen Medien – im Dialog werden neue Informationen hergestellt –, die es später noch zu explizieren gilt, lässt sich in ihrem Ansatz auf Bubers Unterteilung von Ich-Du- und Ich-Es-Einstellung zurückführen. In Flussers Vortrag „Dialogische Medien" verweist er außerdem ausdrücklich auf Bubers Buch „Ein dialogisches Leben" im Zusammenhang mit Netzdialogen.[39] Beschauen wir in diesem Zusammenhang kurz einige Eckpunkte der Buberschen Dialog- oder Ich-Du-Philosophie.

Die Dialogphilosophie Martin Bubers (1878-1965), die durch sein Buch „Ich und Du" im Jahre 1923 – also kurz nach der Geburt Flussers – ihren schriftlichen Ausdruck findet, hebt die entscheidende Bedeutung des Dialogverhältnisses, d.h. der Beziehung zu dem Anderen[40] als einem Du hervor. Ihr Leitgedanke liegt in der Annahme, dass das Individuum nur in der Dialogbeziehung ein wirkliches Selbst und eine Person wird. Anders ausgedrückt: Es existiert kein Ich, kein wirklicher Mensch außerhalb der Beziehung zu einer anderen Person, einem Du. Daran anschließend wird dann die grundlegende Rolle der Sprache für diese Beziehung herausgehoben, denn der Dialog, die Ich-Du-Beziehung, besteht in und durch Sprache. „Was die Menschenwelt eigentümlich kennzeichnet, ist vor allem andern dies, daß sich hier zwischen Wesen und

Wesen etwas begibt, dessengleichen nirgends in der Natur zu finden ist. Die Sprache ist ihm nur Zeichen und Medium, alles geistige Werk ist durch es erweckt worden. Es macht den Menschen zum Menschen;“[41] Menschwerden und Sprachwerden lassen sich für Buber nicht voneinander trennen. Er betont, dass der Mensch in die Sprache gestellt sei, dass es ein präkommunikatives Stadium der Sprache nicht gebe. „Der Mensch hat nicht vor dem Mitseienden gestanden, ehe er ihm gegenüber lebte, auf es zulebte, und das bedeutet: ehe er mit ihm umging. Nie ist Sprache gewesen, ehe Ansprache war; Monolog konnte immer erst werden, nachdem Dialog abbrach oder zerbrach.“[42] Nach Buber gibt es für den Menschen zwei Grundarten des Daseins bzw. Einstellungen zur Welt über die sich auch zwei Formen von Kommunikation heraus destillieren lassen, welche er mit den beiden Grundwortpaaren Ich-Du und Ich-Es bezeichnet. In ihnen spiegelt sich eine besondere Haltung zur Welt wider. Denn es macht einen Unterschied, ob ich mich der Welt in der Ich-Es-Einstellung zuwende oder ob ich in der Ich-Du-Einstellung in eine Beziehung trete. Die Welt ist mir dergestalt zwiespältig gegeben. Der Mensch kann sich als Subjekt verhalten, das etwas erfährt bzw. betrachtet, nämlich ein Objekt, ein außen liegendes Es. Diese Es-Welt ist die Welt der Dinge und ihrer Ordnung. Dort leben und wohnen wir. Die Es-Welt wird dadurch gekennzeichnet, dass die Subjekte und Objekte und ihre Eigenschaften in einer erfahrbaren Eingrenzung von Zeit und Raum wahrnehmbar sind.

Der Mensch kann sich in Abgrenzung dazu auch als eine Person verhalten, die in einer Beziehung zu einer anderen Person steht, einem Du. Diese Haltung führt zur Ich-Du-Welt, die für Buber die Welt der Beziehungen bezeichnet und die sich über den echten Dialog konstituiert. Hier liegt die unmittelbare Gegenwart, die sich in ihrer Unmittelbarkeit nicht messen oder analysieren lässt. Beide Zugänge braucht der Mensch zum Leben. Die Es-Welt bietet dem Menschen Sicherheit und Dauer, da sie eine gemachte und hergestellte Welt ist, die einen funktionalen und stabilen Rahmen darstellt, während die Ich-Du-Welt dem Menschen Sinn vermittelt und sein Menschsein hervorbringt. Demnach liegt die menschliche Wirklichkeit nicht im Ich bzw. im Subjekt, sondern *zwischen* Ich und Du. Dieser Relationismus macht das bis dahin neue der Dialogphilosophie deutlich. Erkenntnis liegt nicht innerhalb eines Ich, sondern Erkenntnis ist eine Beziehung, die sich zwischen einem Subjekt und dem, worüber es Erkenntnis anstrebt, vollzieht. Damit ist man nicht in Besitz von Erkenntnis, man hat sie nicht, sondern man leistet sie selbst, indem man sich auf die Welt bezieht und diese Beziehung sprachlich vermittelt. Solcherart ist das Ich nicht mehr Voraussetzung für Interaktion, – man braucht zwei Subjekte bzw. ego und alter ego für eine Interaktion – vielmehr ist es Ergebnis der Interaktion, da es erst durch die Interaktion mit einem Du hervorgebracht wird.

Neben den sprachphilosophischen Strömungen der Prager Schule, des Wiener Kreises, Wittgenstein und Buber beschäftigte sich Flusser mit der Existenzphilosophie „Ich befaßte mich mit Buber und mit der protestantischen Existentialtheologie, ich entdeckte Jaspers.“[43] Zwischen diesen Polen – der logischen Analyse eines Formalismus und der existenziellen Analyse als Ausdruck einer unerfüllten Religiosität –, stellt die Sprache für Flusser die Schnittstelle beider Denkrichtungen dar. Sie ist für ihn eine symbolische Form und Kommunikationsmittel, aber auch Ort des Seins. Die geschriebene und die gesprochene Sprache lässt sich bei Flusser und Buber als wesentliches Element ihres jeweiligen Ansatzes verstehen, in der sich der verwirklichungsfähige Wille des Menschen zur Kommunikation ausdrückt. Damit stiftet die Sprache ein gegenseitiges Hinwenden der Menschen. Für Buber und Flusser bildet sich im Gespräch, im Dialog, das schöpferisch Neue, das bei Buber die Verwirklichung des dialogischen Charakters der Menschennatur ist, während es bei Flusser den auf seine Existenz zurückgeworfenen und sinnsuchenden Menschen einen Weg aus dieser seiner existenziellen Angst bietet.[44] Die Sprache gilt Flusser und Buber als Möglichkeit, die Subjektivität zu übersteigen und ein Spannungsfeld zwischen zwei Menschen zu begründen. Bei Buber ist es die Dimension des Zwischen, für ihn eine Sonderkategorie des Daseins, die sich bildet. Flusser wiederum versteht den Begriff des Feldes, angereichert mit physikalischen Begriffen wie „Welle" aus der Feldtheorie, analog zu einem elektromagnetischen Feld, das von zwei Polen erzeugt wird. Flusser erkennt darin die Aufhebung des Individuums als Einheit und sieht den Menschen als eine relationale Bestimmung, ein Knoten von Relationen.

Aus dem bisher Dargestellten wird bereits deutlich, dass Flussers Augenmerk auf der Wichtigkeit des gesprochenen und geschriebenen Wortes liegt, um das sich sein Denken dreht. Er selbst formulierte es resümierend:

„Der Umkreis meines Denkens begann sich abzuzeichnen; das zentrale Problem sollte die Sprache werden. Vor allem, natürlich, weil ich die Sprache liebe. Ich liebe ihre Schönheit, ihren Reichtum, ihr Geheimnis und ihren Charme. Ich bin nur wirklich, wenn ich spreche, schreibe, lese, oder wenn sie in mir flüstert um ausgesprochen zu werden. Aber auch, weil sie symbolische Form ist, Wohnort des Seins, welcher verhüllt und enthüllt, Weg, der mich mit anderen verbindet, Feld der Unsterblichkeit ‚aere perennius', Material und Instrument der

Kunst. Die Sprache ist mein Repertoire und meine Struktur, mein Spiel, Modell aller meiner Modelle, sie ist offen und öffnet mich dem Nichtgesagten. Sie ist mein Engagement, in ihr realisiere ich mich, und durch sie gleite ich in Richtung ihres Horizonts und ihres Fundaments, zur Stille des Unsagbaren. Sie ist meine Form der Religiosität. Und – vielleicht – auch die Form, durch die ich mich verliere."[45]

Die Sprache ist der Wohnort des Seins. Aber auch die Menschen mit ihren physischen Leibern wohnen in Häusern oder beziehen Wohnungen in Städten und haben oder sind auf der Suche nach einer Heimat.

3. Stadt und Haus – Wohnung und Heimat

Flusser hat die Themen Stadt- und Raumplanung, Architektur und Wohnung, Heim und Heimatlosigkeit auf verschiedene Arten beschaut. Worum es ihm in allen Darstellungen geht, „ist das Verwerfen des zivilisierten Lebens zugunsten eines anderen, alternativen."[46] Diese Alternative, diese Utopie ist der Veränderung der menschlichen Kultur geschuldet, die durch die Apparatisierung und Technisierung eine Umwälzung der Wahrnehmung, der Beziehungen und der Lebenswelt mit sich bringt. Dabei beinhaltet dieser Prozess zwei mögliche Entwicklungen: Die Entwicklung zu einer dialogisch-demokratischen oder einer diskursiv-faschistischen Ordnung. Wie sich diese Entwicklung vollzieht, was sie bedeutet, welches Potential sie enthält und wie man sie mitgestaltet, zeigt sich z.B. in Flussers Arbeiten zur Stadt, Wohnung und zum Haus und sind damit auch ein Beispiel für praktische Philosophie.

Stadt und Raum

Zunächst spielt die Stadt als Ort des Erlebens in Flussers eigenem Leben eine gewichtige Rolle. In Prag hat Flusser selbst erlebt, wie die feinen Kommunikationsfäden zwischen den Menschen und Kulturen wirken und ein intersubjektives Netz der Verständigung und des Verständnisses gewebt haben. Aber dies beinhaltet viel mehr, als man auf den ersten Blick geneigt ist zu sehen. Die Stadt ist für Flusser zugleich eine Spielwiese, dort lassen sich – mit seinem phänomenologischen Blick – die Phänomene des Alltags und ihre mitunter konfusen Auswirkungen beobachten. Die Stadt ist für Flusser zugleich auch ein Ausdruck von Heimat und Heimatlosigkeit, hervorgerufen durch die Flucht aus Prag. Flussers Interesse an Sprache und der zwischenmenschlichen Kommunikation findet darin seinen Niederschlag. Diese Kommunikationen sind für ihn „Lücken zwischen Standorten und für die diese Lücken überspannenden Brücken“[47] interessiert er sich besonders. Brasilia, die geplante und entworfene Hauptstadt Brasiliens, war für Flusser ein interessantes Denk- und Planspiel für den Entwurf einer neuen Gesellschaft: „Gegeben ist eine Gelegenheit, mit sozial entwurzelten Menschenmassen eine neue Gesellschaft zu formen. Gefordert ist dabei eine Gesellschaftsform, in der die Krise des Menschen angesichts der Technologie gelöst sein soll.“[48] Es soll eine Stadt entstehen, die den Menschen ein freiheitliches und schöpferisches Leben ermöglicht. Denn die Probleme bzw. die Gefahr in der Technologisierung sind für Flusser die Vereinsamung durch eine Vermassung, der Verlust von Freiheit und der schöpferischen Entfaltung durch ausufernde Apparaturen, die – vom Menschen selbst entwickelt – diesen zu einem Appendix derselben werden lassen. So gilt es, eine Architektur von Gebäuden, Straßen und ganzen Städten zu entwerfen, die dem Menschen bei einer Entwicklung zur Freiheit und zum Schöpferischen helfen. Und das kann nur durch dialogische Kommunikation erfolgen, da sie beziehungsstiftend ist. Aber gehen wir an dieser Stelle zunächst einen Schritt zurück.

Die Stadt ist ein Produkt der Kultur, der vor Jahrtausenden begonnenen Kultivierung des Bodens, ein Ergebnis der Sesshaftigkeit des Menschen. Heute werden wir qua Geburt in die Zivilisation und nicht in die Natur geworfen. Wir werden sofort zu einem Zivilisten, einem Bürger der Stadt. Das ist die erste Maske, die dem Menschen, dem Bürger verliehen wird. Die Stadt erzeugt weitere Masken,[49] die wir anlegen und in denen wir uns bewegen, sei es die eines Beamten, Familienvaters oder Politikers. Die Stadt bildet eine Struktur aus, in der sich der Mensch mit und als irgend etwas identifizieren muss. Und erst durch Identifikation bilden sich Individuen: „Anders gesagt, Kultur und Zivilisation sind Strategien für die Erzeugung von menschlichen Individuen“.[50] Das heißt, dass die produzierten Masken der Stadt, dem Individuum, welches die Masken annimmt, voraus gehen; die Stadt bzw. die Masken werfen bzw. erzeugen erst den Sie tragenden Menschen, das Individuum.[51] Insofern sind Kultur und Zivilisation das Konkrete und das Individuum ein Abstraktum. Kultur und Zivilisation bilden ein Netz von Beziehungen, die sich verknoten. Konkret sind nur die Beziehungen, die Felder zwischen den Polen (Objekte oder Subjekte). Die Beziehungen der Menschen untereinander bilden ein intersubjektives Relationsfeld; und dieses Feld wiederum ist mit anderen Feldern – dem ökologischen, psychischen oder dem elektromagnetischen – verwoben. Das Besondere am intersubjektiven Feld ist seine negativ entropische (negentropische) Wirkung: Es sammelt Daten, ordnet und formt sie zu Informationen; Informationen werden erzeugt, gespeichert und weitergegeben. Und das ist eine menschliche Bewegung gegen den unvermeidlichen Tod, der alles *In-Formation* Gebrachte zerstört. Flusser entlehnt den Begriff *Entropie* aus der Thermodynamik als negatives Maß von Information. Daran anschließend sieht er die durch Information bewirkte Negentropie als utopisches Potential:

„Denn die Apparate sind menschliche Produkte und der Mensch ist ein Wesen, das gegen die sture Tendenz des Universums zur Desinformation engagiert ist. Seit der Mensch seine Hand gegen die ihn angehende Lebenswelt ausstreckte, um sie aufzuhalten, versucht er auf seinen Umstand Informationen zu drücken. Seine Antwort auf den ‚Wärmetod' und den Tod schlechthin ist: ‚informieren'".[52]

Folgt man dieser Sichtweise von intersubjektiven Beziehungsfeldern als menschliche Bewegung gegen den Tod hin zur Unsterblichkeit, dann kann man sich alternative Zivilisationen vorstellen und neue Städte entwerfen, die darauf angelegt sind, die Bildung solcher Felder zu unterstützen, die dabei helfen, die Krise der Zivilisation, die bei Flusser letztlich die Krise unserer Kommunikationsstrukturen ist, zu überwinden. Das Besondere an diesen neuen Städten ist, dass sie eine ausgefallene Lage innerhalb dieses intersubjektiven Beziehungsfeldes einnehmen. Sie werden nicht mehr geographisch gedacht wie bisher – von einem festen Raum und Ort ausgehend und daher geographisch eindeutig lokalisierbar –, sondern topologisch als eine Krümmung innerhalb des intersubjektiven Relationsfeldes. Die Stadt wird von und aus diesen konkreten Beziehungen heraus gedacht und verstanden. „Sie entsteht überall und immer, wo sich intersubjektive Beziehungen nach einem zu entwerfenden Schaltplan ballen."[53] Die Stadt bildet einen theoretischen Raum, der die verstreuten zwischenmenschlichen Beziehungen, gleich einem Gravitationszentrum, anzieht, wie ein Staubsauger aufsaugt und sie daher einander näher bringt. Der Unterschied zur bisherigen Stadt und Zivilisation ist nach Flusser, dass die bisherigen Städte ein Instrument zur Erzeugung von Masken und damit von Identitäten waren, mit denen man sich in diesem Beziehungsnetz identifizieren konnte. Diese Funktion ist mit der „zivilisatorischen Krise", der Veränderung unserer Kommunikationsstrukturen, aufgehoben worden; eine Lockerung der Intersubjektivität tritt ein, eine vermassende Vereinsamung greift um sich. Um dem entgegen zu wirken, müssen Räume geschaffen werden, die die zwischenmenschlichen Beziehungen konkret werden lassen. „Die zwischenmenschlichen Beziehungen sind Möglichkeiten, welche sich desto mehr realisieren (konkret werden), je dichter sie sich ballen. Und die Stadt ist jene Krümmung innerhalb welcher sich die zwischenmenschlichen Virtualitäten konkretisieren.“[54] Aus diesem Grund wird ein „Staubsauger“ benötigt, ein Schaltplan, der die verstreuten Beziehungen zusammenzieht und einander näher bringt. Und das ist es, was das Entwerfen neuer Städte zum Ziel haben muss. Die Menschen müssen so untereinander vernetzt werden, dass die Informationen aufgenommen, prozessiert (verändert, organisiert), und weitergeben werden können. Das alles ist eine Bewegung gegen die Entropie, des Zerfalls und des Todes.

Die Städtebauer haben nach Flusser genau dieses zu leisten: Ein Netzwerk zu spinnen „aus reversiblen materiellen und immateriellen Kabeln“,[55] das es ermöglicht, an jedem Ort des Netzes auf die gesamten Informationen zurück greifen zu können. „Geographisch gesehen wird also die Stadt den ganzen Erdball umfassen, aber topologisch gesehen wird sie vorerst eine kaum merkliche Krümmung im allgemeinen zwischenmenschlichen Beziehungsfeld sein“.[56] Dieser Raum trägt die Möglichkeiten, die Chancen zum Konkretisieren in sich, zum Verwirklichen des kreativen und schöpferischen Potential des Menschen. Und warum das Ganze? Erst in zwischenmenschlichen Beziehungen stehend, kann das spezifisch menschliche emporsteigen: Die Überwindung des Subjekts und dadurch die Überwindung des Todes. „Eine so entworfene Stadt ist jener Ort, an dem der aufrechte Mensch aus dem Subjekt hervorbricht.“[57]

Beschaut man nun den städtischen Raum, der zugleich den öffentliche Raum darstellt, anhand solcher Überlegungen, wird deutlich, dass sich der öffentliche und der private Raum – z.B. die Wohnung als Privatraum – einander annähern. Zwischen beiden herrschte bis dahin eine eigentümliche Beziehung. Man musste aus dem privaten in den öffentlichen Raum treten – Schule, Geschäft oder Marktplatz – um Informationen empfangen, aber auch senden zu können. Im privaten Raum wurden die zuvor gesammelten Informationen gelagert, gesichtet und prozessiert, um daraus neue Informationen gerinnen zu lassen; diese konnten dann wieder in den öffentlichen Raum getragen werden. Dieser Prozess zwischen Stadt und Heim, zwischen öffentlich und privat hat durch die neuen Technologien zu einem Umbau desselben geführt. Die Informationen werden nun direkt in den privaten Raum getragen; und mehr noch, sie können nunmehr auch von dort in die Welt getragen werden. Heutige Begriffe wie Podcasts, Blogs, Foren oder Newsletter sind geronnene Beispiele für diese Entwicklung. Flusser sah dies zu Beginn des Internetzeitalters deutlich. Im Jahre 1990 schrieb er: „Wo bisher der öffentliche Raum, der Stadtplatz, das Forum offen stand, werden in naher Zukunft strahlenförmig und netzförmig strukturierte Kanäle liegen. Die Menschen werden an den Ausgängen dieser Kanäle sitzen, um Informationen zu empfangen und zu senden.“[58]

Dergestalt sieht Flusser die zwei Weisen von Gesellschaft, die sich durch die neuen Technologien entwickeln können: Eine gleichgeschaltete, faschistische Gesellschaft, in der Informationen von einem zentralen Sender an in Ihre Privaträume zurück gedrängten Empfänger versandt werden und diese dort zu einem spezifischen Verhalten programmieren, Informationen also diskursiv versandt werden (z.B. durch das Fernsehen oder Radio). Oder eine demokratische, dialogische, freiheitliche Gesellschaft, in der die Informationen dialogisch zwischen den einzelnen Menschen hin und her wandern, dort prozessiert und zu neuen Informationen zusammengefügt werden können (Internet oder Telefon). „Im ersten Fall kann von einer Betäubung des Bewußtseins aller Beteiligten – auch der Sender – gesprochen werden, im zweiten vom Emportauchen einer neuen, nachpolitischen Bewußtseinsform."[59] Entscheidend wird die Ausgestaltung der Kommunikationskanäle und ihre Nutzung sein. Je höher der Partizipationsgrad an den jeweiligen – auf die neuen Technologien gründenden – Kommunikationskanälen ist, desto größer wird auch die Freiheit des Einzelnen und damit die Freiheit in der Gesellschaft sein.

Wohnung und Heimat

Zugleich gilt es in diesem Zusammenhang die Aspekte Wohnung, Gewohntes, Ungewöhnliches und Heimat zu bestimmen, die Flusser in besonderer Art und Weise zueinander und aufeinander bezieht. Der Verlust der Heimat – und damit ins Bodenlose gestellt – hat Flussers phänomenologischen Blick oft auf die damit zusammenhängenden Themen wie Heimat und Heimatlosigkeit, Freiheit und Gebundenheit, Verwurzelung und Nomadentum gelenkt.

Der Mensch war zwar schon immer ein wohnendes, nicht aber beheimatetes Wesen. Denn Heimat sieht Flusser als eine Funktion des Ackerbaus und der Viehzucht an, als Ergebnis der sich dadurch entwickelten Sesshaftigkeit und der Lösung vom Nomadentum. Damit verliert der Begriff der Heimat zwar die Bedeutung eines ewigen Wertes, eines ontologischen Status' – da er in Funktion einer spezifischen kulturellen Technik existiert –, dennoch ist der Verlust einer sich einmal ausgebildeten Heimat eine qualvolle Erfahrung; und dies hat verschiedene Gründe. Was genau ist Heimat? Flusser entdeckt ihr Wesen in den vielen kleinen, unsichtbaren und zumeist unbewussten, *geheimen* Beziehungsfäden und -fasern. „Wenn die Fasern zerreißen oder zerrissen werden, dann erlebt er [der Mensch] dies als einen schmerzhaften chirurgischen Eingriff in sein Intimstes."[60] Denn der Mensch ist verwoben mit seiner ausgebildeten Heimat, den Menschen, den Straßen und den Gebäuden, er hat Wurzeln geschlagen im Boden dieses Ortes, ist eingelassen in ein Netzwerk aus Beziehungen. Er hat einen *Grund* und einen Boden, auf dem er einen Stand findet. Flusser hat dies mit der Flucht aus Prag selbst durchlebt. Was aber passiert bei dem Verlust seiner Heimat? Wie findet man Tritt, wenn sich der Boden auflöst und man die Bezugs- und Standpunkte verliert? Für Flusser ist es ein Wurf ins Bodenlose, der aber nicht nur schmerzhafte Folgen hat, sondern ganz elementare Neuerungen und Potential in sich birgt. Denn erst der Sturz ins Bodenlose, das Zerreißen der Fäden, das Lösen vom Grund, der Zusammenbruch der Sesshaftigkeit bringt den Menschen eine zuvor nicht gekannte und möglichkeitsträchtige Freiheit und macht aus ihm einen Nomaden. Erst die Zerschlagung der Verstrickungsknoten führt zu einer Überwindung dieser Verstrickungen und zu einem freien Handeln und Entscheiden. Genau in diesem Spannungsfeld befindet sich der Entwurzelte, der Migrant: Zwischen der schmerzhaften Zerschlagung der „dialogischen Fäden der Verantwortung und des Einstehens für den anderen"[61] und einer sich auftuenden Freiheit. Bei Flusser leitet diese Freiheit über zu der Frage: „Frei wozu?". Ist es eine verantwortungslose, egozentrische Freiheit, die die Anderen zurück lässt, eine Freiheit auf Kosten der Anderen? Für Flusser ist es das nicht. Denn die erste, durch Geburt und ins Leben geworfene Verbundenheit mit dem Vorgefundenen ist eine nicht freiheitlich ausgewählte.

Der Mensch kann sich nicht frei über den Ort und die Zeit entscheiden, die er durch sein in die Existenz geworfenes Sein erhält. „Die Fesseln, die mich dort an meine Mitmenschen gebunden haben, sind mir zum großen Teil angelegt worden.“[62] Erst durch die neue Freiheit kann der Mensch selbst vom Grunde auf entscheiden, wie und mit wem er seine Bindungen spinnt. Er ist frei für Wahlverwandtschaften. Diese Verantwortung ist ihm nicht auferlegt worden, sondern gründet auf einem freien Entschluss, die Verantwortung für den Anderen und für die gemeinsame Beziehung zu übernehmen. Denn Beziehungen zu spinnen und einzugehen, bedeutet, Ver*antwortung* für den Anderen zu übernehmen, ihm für eine *Antwort* bereit zu stehen. Das ist die Bedeutung der Freiheit: Verbindungen in freier Zusammenarbeit mit den Mitmenschen aufzubauen und zu verantworten. Heimat sind für Flusser daran anschließend die Menschen, für die man Verantwortung trägt. Damit sind aber nicht alle Menschen gemeint, sondern der unmittelbar gegebene Nächste. „Es ist jene Freiheit, die vom Judenchristentum gemeint ist, wenn es die Nächstenliebe fordert und vom Menschen sagt, er sei ein Vertriebener in der Welt und seine Heimat sei anderswo zu suchen.“[63]

Das Verhältnis von Wohnung und Heimat ist in dieser Anschauung genau umgekehrt zu seiner im Alltag normalerweise verstandenen Bedeutung. Denn Heimat ist kein fester und permanenter Ort mehr, sondern ein auswechselbarer Standort. Im Gegensatz dazu ist die Wohnung die Basis des Menschen, die Wohnung bettet die ankommenden Daten in ein Gewöhnliches und macht so daraus eine Information, etwas in Form gebrachtes. Ohne Wohnung kann das Ungewöhnliche nicht eingebettet werden, und so verbleibt der Mensch ohne Wohnung in einer informationslosen Welt, im

Chaos, im Ungewöhnlichen verloren. Denn die Wohnung ist ein Ort von Gewohnheiten, ein gesponnenes Netz aus Gewohntem, dass man benötigt, um die hereinkommenden Daten (das Ungewöhnliche) aufnehmen zu können. Sie ist damit Fänger von Welt und zugleich Chance für ein Wagnis. Es ist dieses

„Pendeln zwischen Wohnung und Ungewöhnlichem, zwischen Privatem und Öffentlichem, von dem Hegel sagt, daß ich mich verliere, wenn ich die Welt finde, und daß ich die Welt verliere, wenn ich mich selbst finde. Ohne Wohnung wäre ich unbewusst, und das heißt, daß ich ohne Wohnung nicht eigentlich wäre. Wohnen ist die Weise, in der ich mich überhaupt erst in der Welt befinde; es ist das Primäre.“[64]

Die Wohnung ist für Flusser demnach die Grundlage des Bewusstseins, da sie es erst ermöglicht, die Welt wahrzunehmen und zu ordnen. Aber gleichzeitig betäubt sie selbst die in ihr eingeordneten zu Information gewordenen Daten, da diese zur *Gewöhnung* und damit beinahe unsichtbar werden. Denn das Gewöhnliche springt uns nicht mehr ins Auge, irritiert uns nicht mehr, denn es ist eingebettet in andere Gewöhnlichkeiten und verliert dadurch an Originalität. Das ist der innere Widerspruch der Wohnung: Dass sie gebraucht wird, um die Welt zu erfassen, dass sie zugleich aber den Blick auf das Ungewöhnliche verstellt, da es eingepasst werden muss an das Gewöhnliche.

Das Bild der Wohnung ist für Flusser mehr als eine Analogie, dennoch passt es natürlich auf unsere Erfahrungen und Wahrnehmungen. Neue Erfahrungen werden eingebettet in schon Vorhandene und müssen aus diesen erklärt werden können, um uns nicht verzweifeln zu lassen. Das Neue benötigt das Vorhandene, um sich zu erklären, um verstehbar zu werden. Dennoch gibt es die besonderen Einschläge in das Erfahrungsgerüst, die nicht gänzlich in ihm aufgehen und ihm unmittelbar etwas Neues hinzufügen.

Eine ausgefallene Form der Wohnung ist der Wohnwagen, der in gewisser Hinsicht Flussers Blick auf die neue Form des Lebens versinnbildlicht. Zunächst kann der Begriff „Wohnwagen“ in dem zuvor erklärten Zusammenhang als Antinomie verstanden werden. Das Wohnen, das mit der Gewohnheit und dem Gewöhnlichen zu tun hat und solcherart mit einer Stimmung, die auf eine vertraute Umgebung weist. Der Wagen hingegen, führt das Fahren, die Erfahrung und auch das *Wagen*, die Wagnis mit sich und deutet damit auf eine Einstellung, die mit der Beobachtung seiner Umwelt zu tun hat, da man mit ihr noch nicht vertraut ist. Man fährt durch Raum und Zeit, und dadurch wird die Dialektik zwischen Wohnung und Ungewöhnlichem noch unmittelbarer. Denn man fährt mit seiner Gewöhnung durch das Ungewöhnliche, ohne seine Wohnung tatsächlich zu verlassen. „Der Wohnwagen lässt das Raum-Zeit-Kontinuum erleben“[65] und wird dadurch zu einem Ausblick auf eine neue Lebensform, die nachgeschichtlich sein wird, da sie nicht mehr von der historisch-linearen Zeit getragen werden bzw. in dieser aufgehen wird (vgl. Kapitel 4). Der Wohnwagen fährt durch Zeit und Raum und bewegt sich zum Entfernten, er ist eine Bewegung hin zum Entfernten. Er tut damit im Ergebnis etwas, was bei Flusser später im Rahmen der telematischen Gesellschaft in dem Begriff der *Proxemik* gerinnt – auf den in Kapitel 7 näher eingegangen wird – und die Nahegebrachten-Entfernten beschreibt, also jene Anderen, die durch reversible Kabel direkt zu uns gebracht werden können und die meine Anderen sein können, mit denen ich einen Dialog führen, denen ich Rede und Antwort stehen kann. Nähe und Ferne haben durch diese reversiblen Kabel ihren Bezug zum Raum verloren. „Wohnwagen sind Symptome für eine Umwälzung in der Gegenwart, die auf eine mögliche Zukunft weist.“[66]

Wir befinden uns schon heute in einer Zeit, die uns die reversiblen Kabel zur Verfügung stellt. Und damit können und werden bereits die heutigen Wohnungen, die heutigen Häuser so gestaltet bzw. gestaltet werden können, dass sie der Form der menschlichen Kommunikation zuspielen, die den Menschen hin zu einer größeren Freiheit und zu schöpferischen Möglichkeiten führt.

Häuser

Das bisher Gesagte lässt bereits eine erste Ahnung von dem aufkommen, wie die neuen, utopischen Häuser aufgebaut sein müssen, um dem Menschen bei der Aufnahme zwischenmenschlicher Beziehungen zu unterstützen. Die heutigen Häuser haben für Flusser ihre Funktion der Lebensbewältigung, der Organisation des Seins zunehmend verloren. Diesen Umstand erleben die Menschen verstärkt als Gefühl der Unbehaustheit. Und dennoch versuchen sie mit allen Mitteln, ihr Gewohntes zu erhalten und verlieren dadurch den Blick auf die Möglichkeitsspielräume, die ein Auszug oder eine Neuorganisation der Behausung gestatten. Flusser sieht nämlich darin gerade die Chance zur Freiheit, die Chance sich neue schöpferische und dialogische Räume zu erschließen. Auf die Notwendigkeit, selbst Gestalter zu werden, weist Heiner Keupp hin.

„ArchitektIn und BaumeisterIn des eigenen Lebensgehäuses zu werden, ist allerdings für uns nicht nur Kür, sondern zunehmend Pflicht in einer grundlegend veränderten Gesellschaft. Es hat sich ein tiefgreifender Wandel von geschlossenen und verbindlichen zu offenen und zu gestaltenden sozialen Systemen vollzogen."[67]

Flusser wirft nun einen Blick auf das Haus und seine einzelnen Komponenten und hinterfragt ihre Funktion. Ein heiles Haus besteht aus einem Dach, Türen, Fenstern und Mauern. Und jedes dieser Teile hat eine spezifische Bedeutung und Funktion; und Flussers Frage ist, ob die Bedeutung und Funktion auch heute noch gleich geblieben ist, oder ob sich diese aufgrund der technologischen Entwicklung – und der damit verbundenen veränderten Welterfahrung der Menschen – nicht verändert haben oder einer Veränderung bedürfen.

Das Dach des Hauses ist für Flusser ein Werkzeug für Untertanen. Das Dach grenzt den Bereich des Gesetzes von dem Privatraum ab. Es soll vor dem Blick der Obrigkeit, vor dem Blick der Oberen schützen; seien es transzendente oder natürliche. Da wir es nach Flusser selbst sind, die die Gesetze projizieren und nicht mehr an die unvermeidbaren auferlegten Gesetze glauben, sondern diese aus uns selbst stammen (z.B. über Mitbestimmung), brauchen wir in Zukunft keine Dächer mehr, wir können und müssen obdachlos werden.

Die Mauern des Hauses, von *munire* = sich schützen, besitzen eine Innen- und eine Außenseite. Die Außenwand schützt vor drohenden Gefahren, vor Unheimlichem, während sich die Innenwand den Insassen des Hauses zuwendet und Sicherheit vermittelt. Die „Mauer hat das Geheimnis [Innenwand, Anmerk. d. Verf.] vor dem Unheimlichen [Außenwand, Anmerk. d. Verf.] zu schützen. Wem Heimlichkeit zuwider ist, muß Mauern niederreißen."[68] Aber selbst jene, die die Heimlichkeit erhalten wollen, müssen Löcher in die Mauern schlagen, die Türen und Fenster ergeben. Das Fenster dient der Möglichkeit, sich durch es hindurchblickend nach außen zu wenden, ohne die Erfahrung des Außen machen zu müssen, eine gefahrlose Schau zu tun. Für Flusser stellt sich hier die Frage – die er sogleich beantwortet –, ob Fenster noch verlässliche Instrumente sind, um das Außen nach Innen zu holen, um durch die Schau, das Außen erfahren zu können. Für ihn sind es heute keine verlässlichen Instrumente mehr. Und auch die Tür, durch die man von innen nach außen schreitet, um die Welt aufzunehmen und dann zu Hause zu ordnen, ist kein zukunftsträchtiges Instrument mehr, da sie, wie auch das Fenster, ein unvermitteltes Einfallstor für die Öffentlichkeit ist. Und das Abdichten durch Riegel, Gitter und Spione, als eine Möglichkeit sich davor zu schützen, führt mehr zu Angst und Enge, zu einem Gefängnis in den eigenen vier Wänden, als zu einem freiheitlichen Menschen. Dergestalt sieht er diese Form der Architektur nicht als zukunftsweisend, sondern Türen, Mauern, Fenster und Dach als inoperationell. „Da wir nicht mehr gut zu Zelten und Höhlen zurückkehren können (auch wenn einige dies versuchen), müssen wir wohl oder übel neuartige Häuser entwerfen.“[69]

In der Tat zeigt sich bei einem zweiten Blick, dass wir bereits damit begonnen haben, indem wir materielle und immaterielle Kabel verbaut haben und nutzen, die die Wände und Dächer bereits durchlöchert haben. Durch diese Kabel tröpfeln Kommunikationen. Das Dach trägt eine Antenne, die Mauern beinhalten die Telefonkabel, und statt vor dem Fenster sitzen wir vor dem Fernseher, der uns den Blick in die Welt gestattet. So wurde aus dem Haus eine Ruine, „durch deren Risse der Wind der Kommunikation bläst. Das ist ein schäbiges Flickwerk. Eine neue Architektur ist vonnöten.“[70] Und hier gilt gleiches wie es bereits zur Stadt und Wohnung gesagt wurde. Auch die neuen Häuser müssen nicht geographisch, sondern topologisch gedacht werden, nämlich als Krümmung in einem Feld zwischenmenschlicher Relationen. Ein solches, neues, schöpferisches Haus muss so gestaltet sein, dass es diese Beziehungen einsaugt, die Informationen prozessiert, aufbewahrt und weitergibt. Es wäre ein Haus gebaut aus Verkabelungen. Daher tragen auch sie beide Möglichkeiten zur Entwicklung in sich: Bei einer Gleichschaltung durch Bündelung statt einer Vernetzung würden diese Häuser Träger und Stütze eines Totalitarismus, sie wären faschistisch. Nur wenn sie zu Netzen verbunden sind, also dialogisch wirken können, wären sie Träger der menschlichen Freiheit und des Schöpferischen. Somit ist die Aufgabe der Architekten formuliert: Sie müssen eine Vernetzung von reversiblen Kabeln ermöglichen und anlegen. Eine solche Architektur, die – bis ins äußerste gedacht – ohne Dächer und Mauern auskommt und demnach „nur aus reversiblen Fenstern und Türen bestünde",[71] würde zudem das Dasein und Leben der Menschen grundlegend verändern. Die Menschen könnten sich nirgends ducken, verheimlichen und würden keinen Rückhalt mehr behalten. Es gäbe aber auch keine Herren mehr, vor denen sie sich verstecken oder ihr Haupt senken müssten. Die wechselseitig offen stehenden Häuser böten unzählige Möglichkeiten an Projekten: „Es wären netzartig geschaltete Projektoren für allen Menschen gemeinsame alternative Welten."[72] Eine solche Art von Häuserbau und ihrer Wirkung stellt ein großes Abenteuer dar. Aber für Flusser ist das Verharren in der gegenwärtigen Situation letztlich schlimmer. Zielen wir nämlich nicht auf eine solche Entwicklung hin, werden wir in der Zukunft dazu verdammt sein, erfahrungs- und orientierungslos vor uns hin zu vegetieren, umgeben von löchrigen Wänden und einem durchlöcherten Dach.

Architektur und Kommunikation – Abschluss

Das wiederkehrende Thema bei Flussers Fragen an und Blicke auf die Architektur und das Städtegestalten ist das sich verändernde und neu aufbauende Verhältnis von privaten und öffentlichen Räumen, dem Verhältnis von innen und außen. Denn es ist heute nicht mehr nötig, seinen privaten Raum zu verlassen und in den öffentlichen zu treten, um Information zu erlangen bzw. daran teilzuhaben. Im Kontext der Flusserschen Sicht auf die Conditio humana, die auf Kommunikation und Schöpfung hin ausgelegt ist, muss die Ausgestaltung der Lebensräume diese Aspekte bedenken und einbeziehen. Und gerade die Architektur als Gestalterin von unmittelbaren Lebensläufen, greift so in das gesellschaftliche Gefüge ein. Denn Bauten und Gebäude organisieren soziale Beziehungen und können der Kommunikation dienen oder sie versperren.[73]

Flussers thematische Auseinandersetzung der Gestaltung von Lebens- und Kommunikationsräumen durch Architektur berührt letztlich grundsätzliche Fragen der modernen Architektur und ihrer Entwicklung und ist als solches keine exklusive Auseinandersetzung. Bereits seit Mitte des 19. Jahrhunderts hat die Architektur auf die zunehmende Veränderung in der Gesellschaft durch die aufkommenden Mobilitäts- und Kommunikationsmedien reagiert. Es lassen sich zwei Grundtendenzen identifizieren: „[D]en reservierten, regulierenden Umgang mit kommunikativen Anforderungen (wie beispielsweise in den Konzepten des Neoklassizismus) oder die emphatische Bejahung von Distanzüberwindung, Sphärendurchdringung und die Errichtung entsprechend permeabler Räume.“[74] Um 1900 begann das, was Flusser mit der Durchlöcherung der Mauern meinte. Privathäuser wurden nach und nach an die Wasser- und Gasleitungen angeschlossen, elektrische Kabel wurden verlegt und das Telefon wurde deutliches Zeichen für die Durchdringung von Innen und Außen. Die reine Abgeschlossenheit des Hauses löst sich zugunsten einer kommunikativen Öffnung, die aber auch (zumindest) zu Beginn dieses Prozesses im Bild einer Erschütterung des Schutzraumes der Privatheit gezeichnet werden kann und dadurch eine gewisse Unsicherheit mit sich bringt. Wände selbst tragen ja diese Ambivalenz in sich, wenn sie zum einen eingrenzen und einsperren und zum anderen Schutz, Zuflucht und Geborgenheit geben können.[75] Was Flusser beschreibt und sich bereits zu Beginn des 20. Jahrhunderts abzeichnet, ist die zunehmende Verbindung von Mensch und Ding, die aufkommende Verbindung der Gebäude mit ihrer Umwelt, die Anbindung an, Durchlässigkeit für und Zirkulation mit Informationen der außen liegenden Welt. Die vormalige Distanzierung, das inhärent Trennende will aufgelöst werden.

„Alle Abgeschlossenheit soll überwunden werden. Berührt ist damit auch das Verhältnis von Figur und Grund: Körper, ob Mensch, Skulpturen oder Bauten, stehen nicht mehr als isolierte, stabile Einheiten in einer ebensolchen Umgebung, sondern interagieren mit ihr in stets neuen Konstellationen.“[76]

Flusser nutzt das Bild der brüchig werdenden Mauern und Wände, später auch die Wohnung als Bild einer zweiten Haut. In Bezug zur modernen Architektur kann man tatsächlich das Bild einer Membran heranziehen, einer dünnen Haut, die zwei Welten, das Innen und Außen, voneinander trennt und je nach Beschaffenheit unterschiedlich durchlässig sein kann. Von einem nahezu undurchlässigen, trennenden Schutzraum, sind die Wände nun zu beiden Seiten semipermeabel (teilweise durchlässig) geworden und – extrapoliert man in die Zukunft

– werden sie, zumindest was den Informationsaustausch angeht, omnipermeabel werden; Informationen werden in beide Richtungen frei zirkulieren und die Gebäude, Häuser und Wohnungen werden selbst Kommunikations- und Beziehungsknoten darstellen. Übrigens sind die Fassadenverglasungen vieler moderner Bauten ein Beispiel für eine weitere informelle, nämlich optische Durchlässigkeit. Werden sie aus diesem intersubjektiven Netzwerk herausgelöst, – verlieren sie also ihre kommunikative und verbindende Funktion – lösen sie sich allmählich auf und verfallen materiell und immateriell. Sie steuern der Entropie entgegen.

4. Von Bildern und Technobildern

Flusser hat sich in einer Reihe von Arbeiten mit Bildern, der Bildproduktion, Technobildern und Design auseinandergesetzt. Mehr noch bildet diese Beschäftigung einen wesentlichen und stringenten Teil seiner gesamten Arbeit. In der Tat stehen diese Ausarbeitungen fest im Netz seiner Überlegung zur kulturellen, gesellschaftlichen und technischen Entwicklung. Eine wichtige Veröffentlichung in diesem Zusammenhang stellt das bereits erwähnte Buch *Für eine Philosophie der Fotografie* dar, das für die Fotografie ein neues Selbstverständnis aufgezeigt hat. Flusser hat selbst darauf hingewiesen, dass er sich in diesem Zusammenhang mit Walter Benjamins *Das Kunstwerk im Zeitalter seiner technischen Reproduzierbarkeit* auseinander gesetzt hat. Tatsächlich gibt es bei beiden einige Übereinstimmungen. So sehen beide „in der Entwicklung der Fotografie eine Zäsur, die mir der Entwicklung der linearen Schrift verglichen werden kann und den Ausgangspunkt für einen kulturellen und gesellschaftlichen Umbruch bildet."[77]

Für die Fotografie hat Flusser nun das Bewusstsein dafür hergestellt, dass der Fotograf sich in einem Apparatenkontext befindet und sich von diesem lösen muss, aus ihm herauszutreten hat, um nicht als eine Funktion des Apparates zu enden. Fotos sind Ausdruck eines magischen Bewusstseins, „[s]ie komputieren neue geschichtliche Möglichkeiten, sie sind Entwürfe, nicht Dokumente."[78] In diesem Kontext der Apparate und neuen Technik verweilt Flussers Sicht nicht in einer Melancholie, sondern schaut nach vorne und erblickt die neuen Möglichkeiten, die sich aus der Emanzipation von den Apparatenprogrammen ergeben und die den Menschen in seinem schöpferischen Potential bestärken. „Er verneint jeden

Apparatenfetischismus – ohne aber den Apparat selbst dabei zu zerstören."[79] Ein wichtiger Schritt für Flussers weitere Gedankengänge zu diesem Thema ist seine Unterscheidung von Bildern und Technobildern. Beschauen wir die Überlegungen Flussers hierzu etwas genauer.

Bilder

Traditionelle Bilder (z.B. die eines Malers) sind Flächen mit einer Bedeutung. Das Auge scannt die Oberfläche, um die Bedeutung des Bildes zu erschließen. Dieses Erfassen stellt eine Verbindung zweier Intentionen dar, nämlich jener die sich im Bild manifestiert und jener des Betrachters. Aus diesem Grund lassen Bilder Raum für Deutungen. Der Blick, der sich auf das Bild legt, setzt einzelne Bildelemente in Beziehung und verleiht ihnen eine Bedeutung. Jene Bildelemente, die häufiger fokussiert werden, formen sich so zu Bedeutungsträgern des Bildes, wodurch dort Bedeutungskomplexe entstehen.[80] Die Bilder tragen eine besondere Zeitform in sich, die von der ewigen Wiederkehr des Gleichen bestimmt ist. Für Flusser ist es die Zeitform der Welt der Magie, einer Welt in der sich alles wiederholt und alles in einem bedeutungsvollen Zusammenhang gestellt ist. Diese Welt und ihre Zeitform ist von der herkömmlichen historischen Linearität zu unterscheiden. Die Bedeutung der Bilder bezeichnet Flusser als magisch. „In der geschichtlichen Welt ist der Sonnenaufgang Ursache für das Krähen des Hahns, in der magischen bedeutet der Sonnenaufgang das Krähen und das Krähen den Sonnenaufgang."[81] Bilder sind nun keine festgehaltenen, abgebildeten, objektiven Ereignisse, die die Wirklichkeit spiegeln oder reflektieren, sondern sie sind Vermittlungen zwischen der Welt und dem Menschen, sie stehen zwischen beiden und sollen dem Menschen die Welt vorstellbar machen. Doch solcherart stellen sich die Bilder zwischen den Menschen und die Welt und entfernen ihn so von der Welt. Denn er findet seinen Zugang zur Welt nicht unmittelbar, sondern über die Vorstellungen von Welt, die er sich durch die Bilder macht. In dem Augenblick, wo der Mensch nicht mehr weiß, dass er auch die Bilder entziffern muss und diese als Abbild der Wirklichkeit wahrnimmt, verstellen die Bilder seinen Zugang zur Welt.

Mit der Erfindung der Schrift – ein Versuch, den bildgewebten Schleier zwischen der Welt und den Menschen zu zerreißen –, wurde das Bild dekonstruiert und anschließend in Zeilen rekonstruiert. Aber eine Weltannäherung wurde so nicht erreicht, sondern eine weitere Abstraktionsebene zwischen Mensch und Welt etabliert. Die Anordnung in Zeilen, das einer Linie folgende Voranschreiten, führte zum geschichtlichen Bewusstsein, die die zirkuläre Zeit des Bildes ablöste. Die Welt wurde nun in Linien und Zeilen geordnet. Der Unterschied und der Wandel im Zeitbewusstsein der Menschen, das durch die Entwicklung vom Bild über den Text zu den aktuellen Technobildern führt, wird weiter unten nochmals nachgezeichnet. Wenden wir uns an dieser Stelle den Technobildern zu und ihren Besonderheiten und Unterschieden. Denn die Technobilder kennzeichnen nunmehr einen weiteren Schritt in der Entfernung des Menschen von der unmittelbaren Welt, sie bilden eine weitere Abstraktionsebene, die weg von der Welt führt.

Technobilder

Ein technisches Bild – an anderer Stelle spricht Flusser auch von Technobildern, zu dem nicht nur die Fotografie als ältestes Technobild gehört, sondern auch der Film oder das

Computerbild – ist ein von Apparaten erzeugtes Bild. Und diese Bilder setzen sich in verschiedener Art vom herkömmlichen Bild ab und besitzen eine Reihe von Besonderheiten, die sich auf unsere Wirklichkeit legen bzw. diese durchdringen.

„Die allgegenwärtigen technischen Bilder um uns herum sind daran, unsere ‚Wirklichkeit' magisch umzustrukturieren und in ein globales Bildszenarium umzukehren. Es geht hier um ein ‚Vergessen'. Der Mensch vergißt, daß er es war, der die Bilder erzeugte, um sich an ihnen in der Welt zu orientieren, er kann sie nicht mehr entziffern und lebt von nun ab in Funktion seiner eigenen Bilder."[82]

Technische Bilder werden von Apparaten erzeugt, Apparate hingegen sind Erzeugnisse angewandter wissenschaftlicher Texte. Sie sind Ergebnis wissenschaftlicher Texte und basieren auf diesen. Sie sind Materie gewordene Theorie und Formel. Daher handelt es sich bei technischen Bildern, als Produkt eines Apparates, um mittelbare Erzeugnisse wissenschaftlicher Texte. Die Schrift wiederum ist selbst eine Abstraktion der Welt. Sie ordnet die Bildelemente in Zeilen ab. Die Schrift „codierte damit die zirkuläre Zeit der Magie in die lineare der Geschichte um."[83] Dies ist für Flusser der Beginn des geschichtlichen Bewusstseins. Schrift ist daher nach Flusser noch eine Ebene weiter von der Welt entfernt als die alten, nicht-technischen Bilder. Denn Texte „bedeuten nicht die Welt, sie bedeuten die Bilder, die sie zerreißen", um auf die Welt zu blicken. „Texte entziffern heißt folglich, die von ihnen bedeuteten Bilder zu entdecken,"[84] die auf die Welt verweisen.

Technische Bilder sind also technische Umsetzungen von wissenschaftlichen Texten und Ergebnissen; sie *bedeuten* daher keine Szenen, sondern Begriffe. Zudem haben sie bereits eine

Vorstellung davon, was sie zeigen sollen, sie haben einen *Begriff* vom dem, was sie zeigen. Sie sind weder Modelle noch Abbilder der Wirklichkeit, sie sind Einbildungen. Die Menschen, die die technischen Bilder herstellen, sind nach Flusser die „Einbildner“, um sie so von den Produzenten der traditionellen Bilder zu unterscheiden.

„Die Einbildner sind Menschen, welche automatische Apparate gegen die Automation umzudrehen versuchen. Sie können ohne automatische Apparate nicht einbilden, denn das einzubildende ‚Material‘, die Punktelemente, sind ohne Apparat-Tasten weder sichtbar noch faßbar, noch begreifbar.“[85]

Der Imagination der traditionellen Bilder steht hier die Einbildung der Technobilder gegenüber. Beschaut man ein Technobild ganz aus der Nähe, so wird deutlich, dass es aus Punktelementen besteht und nicht aus einer Fläche. Man muss sich aus den Punkten das Bild *einbilden*, um es sehen zu können. Und dafür muss man das Bild oberflächlich beschauen, denn wenn man es genau ansieht, erkennt man nur noch die einzelnen Bildpunkte, die letztlich Symptome chemischer oder elektronischer Prozesse sind. Daher spricht Flusser vom „Lob der Oberflächlichkeit“. Das Bild steigt aus dem abstrakten Punktuniversum, aus einem reinen Punkteschwarm empor und wird durch die Einbildungskraft zu einem konkreten Bild. Ihre vermeintliche Ähnlichkeit mit der Welt verführt die Menschen zu dem Glauben und der Annahme einer Übereinstimmung von Welt und Technobildern. Aus diesem Grunde sind sie gefährlich, da sie die Illusion der Realität erzeugen, sich als Realität ausgeben, obwohl sie Begriffe und spezifische Anschauungen vermitteln. Denn die Techno-Bilder projizieren etwas und stellen nicht etwas dar. Technische Bilder sind

Projektionen. „Sie fangen bedeutungslose Zeichen auf, die aus der Welt auf sie zukommen (Photonen, Elektronen), und sie codieren sie, um ihnen eine Bedeutung zu geben. Daher ist es falsch, bei ihnen zu fragen, *was* sie bedeuten [...]. Zu fragen bei ihnen ist, *wozu* sie das, was sie zeigen, bedeuten. Denn was sie zeigen, ist nur eine Funktion dessen, wozu sie bedeuten."[86]

Den Technobildern liegen Texte zugrunde. Die Texte haben sich im Laufe der Zeit durch ihre zunehmende Abstraktion von den herkömmlichen Bildern und damit von der Welt entfernt. Das ist der Grund für die von Flusser konstatierte Krise der Geschichte, der linearen Zeit. Denn die Texte sind nicht mehr vorstellbar. Flusser teilt dem Bild, Text und technischen Bild spezifische Zeitmodelle zu, die eine Grundaufteilung der Geschichte darstellt. Die herkömmlichen Bilder bezeichnen die Vorgeschichte. Es ist ein mythisches Dasein, in der die Zeit kreist. „Die Stimmung des mythischen Daseins ist die der kreisenden Zeit, der ewigen Wiederkehr innerhalb eines stehenden Raumes voller Werte, und sein Weltbild ist das einer Szene."[87] Mit der Erfindung der Schrift traten die Menschen ins geschichtliche, lineare Zeitalter. Es ist eine Welt des Werdens, in der die Zeit von der Vergangenheit über einen punktartigen Zustand – der Gegenwart – in die Zukunft fließt und das Dasein von Weltveränderung und Verwirklichung geprägt ist. Es gibt keine Wiederholung, jeder Tag, jede Minute und jeder Augenblick ist einzigartig. Daher ist jede liegengelassene Zeit eine verlorene Möglichkeit des Verwirklichens. Für uns dominiert paradoxer Weise, so Flusser, die Vorstellung, dass die Zeit die Welt mit sich trägt, die Welt nicht ist, sondern in jedem Augenblick von Neuem wird. Dieses Zeitmodell führt Flusser auf die Erfindung der Schrift zurück. Das sequenzielle Niederschreiben und Festhalten führte zur Erfindung von „Geschichte", indem es Gedanken, die ihrem Wesen nach kreisen und springen, in eine kausale Abfolge zwängt. Das „mythische Denken“ wird in ein historisches übergesetzt. Und das ist eine Zeitkonzeption, die derzeit immer noch dominiert, aber von einer neuen Zeitvorstellung allmählich abgelöst wird und damit übrigens auch das Schreiben überflüssig werden lässt: „Es macht keinen Sinn mehr zu schreiben, wenn ich nicht mehr linear denke.“[88] Paradox ist unsere derzeitige Vorstellung der Zeit deshalb, da sie eigentlich unseren unmittelbaren Erfahrungen widerspricht. Denn nicht die Vergangenheit kommt an und durchläuft die Gegenwart, sondern umgekehrt kommt die Zukunft an und bewegt sich in die Vergangenheit. Die Gegenwart ist damit der zentrale Aspekt der Zeit, umgeben von der Zukunft, die aus allen Richtung auf sie einströmt. Und sie ist dergestalt kein Punkt, sondern der Ort der Wirklichkeit, in dem die Zeit ankommt, sich vergegenwärtigt. Damit ist die zentrale Kategorie der Zeit nicht die Vergangenheit oder die Zukunft, sondern die Gegenwart. Auf diese Weise steht das Sein vor dem Werden.

Das nachgeschichtliche Dasein, das mit den technischen Bildern begonnen hat sich auszubreiten und das historisch-lineare in Frage zu stellen, ist ein Feld von unzähligen, aber begrenzten Möglichkeiten, von denen sich einige verwirklichen und andere schlummernd darauf warten, wirklich zu werden. Es gibt keine Trennung mehr zwischen Zeit und Raum. Alle Zeit mündet letztlich in der Gegenwart; die Zukunft als Ort der noch unverwirklichten, aber nach und nach wirklich werdenden Möglichkeiten, und die Vergangenheit als bereits verwirklichte Gelegenheit. „[A]ber die Vergangenheit ist gegenwärtig im Sinn eines Staudamms verwirklichter Möglichkeiten. Zukunft und Vergangenheit sind ‚wirklich‘ nur, wenn sie vergegenwärtigt werden. Allein der Augenblick ist wirklich, er ist ein Knoten in dem ihn umgebenden Feld der Möglichkeiten."[89]

Technische Bilder sind nunmehr Erfindungen, um Texte, die ja bereits eine Ableitung von der Welt darstellen, wieder magisch aufzuladen und vorstellbar zu machen. Ein herkömmliches, von einem Maler entworfenes Bild ist eine Abstraktion ersten Grades von der Welt. Texte hingegen sind Abstraktionen zweiten Grades, da sie das Bildhafte in Zeilen zerlegen und pressen, die dann linear gelesen werden müssen. Die technischen Bilder sind nun Abstraktionen dritten Grades, da sie von den abstrakten, wissenschaftlichen Texten, die sich in Form von Apparaten materialisieren, eine Abstraktion sind. Daraus ergibt sich für Flusser die kategorische Unterscheidung von vorgeschichtlich (klassisches Bild), geschichtlich (Texte) und nachgeschichtlich (technisches Bild).

Ein interessanter Umstand ist in diesem Zusammenhang die scheinbare Objektivität der technischen Bilder. Sie bilden die Wirklichkeit vermeintlich objektiv und unmittelbar ab, so dass sie auf der gleichen Wirklichkeitsebene wie ihre Bedeutung zu liegen scheinen. Sie werden von den Menschen zunächst nicht als Symbole begriffen, sondern vielmehr als reine und unverstellte Fenster zur Welt. Und da der Mensch ihnen traut wie seinen Augen, kritisiert er sie nicht, sondern nimmt sie ungedeutet als eine unmittelbare Weltanschauung wahr. Darin sieht Flusser einen Fehler und eine Gefahr, denn die Techno-Bilder sind nicht nur *nicht* objektiv, sondern „stellen noch weit abstraktere Symbolkomplexe dar als die traditionellen Bilder",[90] da sie auf Texten basieren, ja Metacodes von Texten sind. Während beim traditionellen Bilder der Maler zwischen Welt und Betrachter des Bildes geschaltet war bzw. sich dazwischen geschoben hat, ist es beim technischen Bild nicht nur der Fotograf, sondern auch der Apparat, der in

Form einer Blackbox mit In- und Output das Bild auswirft. Das komplexe Geschehen, die Codierung der Bilder, in der Blackbox bleibt rätselhaft verborgen. Der Fotograf sieht davon nichts.

Fotografie

Ein Beispiel für die Produktion eines Technobildes, bildet der Fotoapparat. Der Fotoapparat ist eine Black Box, über deren Inneres der Fotograf nichts weiß. Flusser versteht unter einem Apparat ein so „komplexes Spielzeug, daß die damit Spielenden es nicht durchblicken können."[91] Die Apparate erfordern den Menschen bzw. den Spielenden als eine Funktion, z.B. um den Auslöser zu betätigen. Gleich einem Funktionär kontrolliert der Mensch scheinbar den Apparat, dank der Kontrolle seiner außen liegenden Tasten, die auf Programme und Funktionsabläufe im Inneren hindeuten, aber nichts weiter preisgeben. Der Apparat beherrscht durch die Undurchsichtigkeit seines Inneren den Menschen. Denn der Mensch kann den Apparat nicht gänzlich erfassen, er kann ihn nicht durchschauen.

Die Freiheit des Fotografen ist damit eine vorstrukturierte und programmierte Freiheit. Er kann nur das aufnehmen, was im Programm steht, die Bilder sind apparatgesättigt. Die Wahl des aufzunehmenden Objektes ist zwar frei, bildet aber letztlich eine Funktion des Programms des Apparats. Am Fotoapparat selbst ist das Entscheidende nicht das Material (Hardware), sondern die Software, das weiche Programm, welches letztlich die Möglichkeitsspielräume bestimmt. Daher kann die Fotografie nicht die Erfassung von Welt, sondern nur die Erforschung der Möglichkeiten des Programms sein. Der Fotograf sucht nach Informationen durch Auswertung des Fotoprogramms: Dies wird bei jedem Foto ärmer (eine endliche Anzahl von Möglichkeiten wird bei jedem neuen Foto kleiner) und das Fotouniversum reicher. Das Ziel muss letztlich die Herstellung von informativen nicht redundanten Bildern sein, ein Versuch des *Übersteigens* der im Fotoprogramm angelegten Möglichkeiten.

Die Fotografie gehört für Flusser nun weniger der industriellen, als der post-industriellen Kultur an, deren Zentralbegriff die Information, das In-Form-bringen ist. Die Fotografie bezeichnet den Anfang einer geschichtlichen Entwicklung, die auf eine zunehmende Immaterialität der Kommunikation und der Auflösung des Bildes als eines physischen Objekts deutet. Denn Flusser sieht in Zukunft nicht das Objekt, sondern die Information im Zentrum unserer nach-industriellen Aufmerksamkeit. Und dies wird wesentliche Folgen für den Menschen haben, bedeutet es doch „eine Mutation unserer Existenz."[92] Vor-industrielle Objekte unterscheiden sich von industriellen Objekten durch ihre Art der Produktion. Letztere werden mit Maschinen gefertigt, schneller und genauer als von Menschenhand. Dies hat eine Inflation der Objekte und ihre Entwertung zur Folge, da sie in großen Mengen gefertigt werden und Maschinen eine Serie von Objekten die exakt gleiche Form geben. In der nach-industriellen Gesellschaft verlieren die Objekte ihre materielle Basis. Ziel wird die Programmierung der Objekte mit Information sein. Nicht mehr das Objekt spielt die entscheidende Rolle, sondern die Information, mit der es versehen wurde. „Bereits heute liegt der Wert eines Füllfederhalters aus Kunststoff fast ausschließlich in seiner Form und kaum in seinem Kunststoffmaterial. [...] Genau genommen werden nach-industrielle Objekte keine wirklichen ‚Objekte' mehr sein. Wenn Kultur als ein Vorrat von Werten definiert wird, wird dieser nicht mehr aus Objekten, sondern aus anderen Formen von Erinnerungen bestehen."[93] Am Beispiel des Fotos lässt sich dies verdeutlichen:

Das Foto trägt seine Informationen direkt auf seiner Oberfläche und nicht im Körper selbst, wie es zum Beispiel bei einem Füllfederhalter der Fall ist. Und obwohl sich dies bei allen Bildern so verhält, gibt es einen wesentlichen Unterschied zwischen einem vorindustriellen und einem Technobild, z.B. einem Foto. Denn das vorindustrielle Bild trägt als originäres Objekt einen Eigenwert an Informationen mit sich. Wird das Bild vernichtet, verliert es seine Information, genauso wie der Füllfederhalter. Das Foto hat als Objekt keinen Wert, da die von ihm getragene Information an einem anderen Ort gespeichert ist – dem Negativ bzw. heute digital auf einem Speicherchip – und kann so bequem von einer wertlosen Oberfläche auf eine andere übertragen werden. Gerade bei digitalen Bildern lässt sich so nicht mehr problemlos von einem originären Bild sprechen, da Kopien von Kopien von Kopien nicht mehr vom Original zu unterscheiden sind. Die Information des Bildes ist jederzeit reproduzierbar und verfügbar. Daher bildet die Information den Gesamtwert eines solchen Bildes. Seine Materialisierung ist nur noch nachrangig.

Somit werden Objekte im nachindustriellen Zeitalter mehr und mehr zu wertlosen Objekten, die mit Informationen behaftet sind, die sich jederzeit aufs Neue materialisieren können. Einher geht in diesem Zusammenhang übrigens auch das Problem der Urheberschaft, d.h. des Rückbezuges auf den Verwirklicher der Möglichkeit, auf den Produzenten des Bildes. Die Beziehung zwischen Bild und Verwirklicher ist letztlich nicht mehr oder nur schwer rückführbar auf eine reale Basis, anders als beispielsweise bei einem Negativ. Das digitale Bild löst sich als Information von der Autorenschaft insoweit kein Beweis mehr auf den Autor als Urheber verweisen kann.[94] Fotografien haben im Zuge der Digitalisierung ihre einstmals chemische Basis aufgegeben und sind elektromagnetische Bilder geworden. Diese elektromagnetischen Bilder – letztlich bezieht sich dies nur auf ihre Darstellungsform – sind innerhalb der Technobilder eine Besonderheit, da sie auf Bildschirmen zu sehen sind. Und ihre besondere synthetische Art wird nach Flusser eine außerordentliche Entwicklung anstoßen.

Denn seit der Renaissance bildete sich die Trennung zwischen Kunst und Wissenschaft immer weiter aus und manifestierte sich. Die Wissenschaft verstanden als das Wahre und Nützliche; die Kunst als das Schöne. Für Flusser ist diese Unterscheidung eine fehlerhafte, insoweit jede wissenschaftliche Ausarbeitung oder ein daraus geronnenes Gerät eine ästhetische Qualität besitzt. Und umgekehrt, beinhaltet jedes Kunstwerk eine erkenntnistheoretische und politische Dimension. „Es gibt keinen Unterschied zwischen wissenschaftlicher und künstlerischer Forschung. Beide sind Fiktionen im Streben nach Wahrheit".[95] Und das elektromagnetische Bild – das synthetische Bild einer Fraktalgleichung zum Bespiel – überwindet diese Kluft der zwei Welten, denn es ist zugleich ein Wissensmodell und ein Kunstwerk, es ist Kunst und Wissenschaft. Und damit muss und kann zwischen beiden nicht mehr unterschieden werden.

Methode

Blicken wir an dieser Stelle kurz seitwärts auf Flussers Methode, seine Art des Vorgehens sich mit Themen, Dingen oder Begriffen auseinander zu setzen. Flusser knüpft methodologisch an die Phänomenologie Husserls an, obgleich nicht immer mit der gleichen Strenge wie Husserl sie geführt hat.

Viele Kapitel oder einige Buchtitel verweisen auf Flussers phänomenologisches Vorgehen. Um beispielsweise zu untersuchen, was bei der Geste des Fotografierens passiert, „müssen wir sie so ins Auge fassen, als ob uns nichts an ihr bekannt wäre und wir sie ganz naiv zum ersten Mal sähen".[96] Die phänomenologische Methode ist ihm ein ähnlicher Vorgang wie im fernöstlichen Zen, wo es um das konkrete und unmittelbare Erleben der Phänomene geht. Während allerdings die fernöstliche Weltanschauung zu einem mystischen Welt-Erleben führt, ist die westliche geprägt von Analyse und Rationalität, führt dadurch zu immer weiteren Abstraktionen und droht dadurch, sich immer weiter von den Phänomenen zu entfernen. „Die phänomenologische Methode ist ein Versuch, den konkreten ‚Boden' wiederzufinden, von dem das westliche Denken ausgeht, um es vor Verfremdung zu retten."[97] Flusser betrachtet aber z.B. die Geste nicht nur als reines Phänomen, das schlussendlich auf kausale Erklärungen zurückgeführt werden kann, wie die Naturwissenschaften es tun, sondern als kodifizierte Sinngebung, wie sich noch zeigen wird. Zunächst steht am Anfang die phänomenologische Reduktion, dass schrittweise Ausklammern unseres Wissens vom und unserer (Vor)Urteile über den Gegenstand. In seinen eigenen Worten beschreibt er die Methode folgendermaßen:

„Dinge so anzusehen, als sähe man sie zum erstenmal, ist eine Methode, an ihnen bisher unbeachtete Aspekte zu entdecken. Es ist eine gewaltige und fruchtbare Methode, aber sie erfordert strenge Disziplin und kann darum leicht mißlingen. Die Disziplin besteht im Grunde in einem Vergessen, einem Ausklammern der Gewöhnung an das gesehene Ding, also aller Erfahrung und Kenntnis von dem Ding. Dies ist schwierig, weil es bekanntlich leichter ist zu lernen als zu vergessen. Aber selbst wenn diese Methode des absichtlichen Vergessens nicht gelingen sollte, so bringt ihre Anwendung doch Überraschendes zu Tage, und zwar tut sie das eben dank unserer Unfähigkeit, sie diszipliniert anzuwenden.“[98]

Um Dinge oder Begriffe von ihrer aktuellen kulturellen Bedeutung frei zu machen, sie aus dem gewohnten Kontext herauszubrechen, beschaut Flusser häufig ihren etymologischen Ursprung und spielt mit ihren Bedeutungen und Ausformungen in verschiedenen Sprachen und ihrer geschichtlichen Verwendung. So führt er ihre Bedeutung zurück zum Anfang, befreit sie von ihrer kulturellen Aufladung und kommt zu verblüffenden Ergebnissen. Am Beispiel des Begriffs *Design* wird sein Vorgehen deutlich.[99] Zugleich eröffnet sich hier ein weiteres Themenfeld, dem sich Flusser zuwandte.

Design

Flusser wirft einen Blick auf das englische Wort *design*, schaut auf seine verschiedenen Bedeutungen und der etymologischen Herkunft und stellt dann die Frage, wie das Wort zu seiner gegenwärtigen Bedeutung, genauer: „warum gerade dieses Wort jene Bedeutung gewonnen hat, die ihm in der aktuellen Diskussion über Kultur zukommt.“[100] Flusser erblickt im Begriff *Design* eine besondere Einstellung zur Welt. Lange Zeit standen sich die Welt der Künste – verstanden als schöngeistiger und qualitativer Wirkungsbereich – und die Welt der Technik – wissenschaftlich und quantifizierend – unvereinbar gegenüber. Erst gegen Ende des 19. Jahrhunderts begannen diese Fronten etwas durchlässiger zu werden. Als Brücke zwischen beiden Sphären deutet der Begriff des *Designs* den inneren Zusammenhang von Technik und Kunst an. Das Design versucht zu hintergehen, zu überlisten und zwar die Natur mittels etwas Künstlichem, durch Kunst und Technik Hergestelltem. Für Flusser sind es die Designer, Städtebauer, Gestalter und Architekten, die in Zukunft nicht mehr nur einzelne Gegenstände, sondern ein Netz aus Beziehungen, Verhältnisse zwischen den Menschen mit entwerfen. Das Übersetzen von der Gestaltung eines Gegenstandes hin zum Entwurf von Relationen ist an dieser Stelle ein zentraler Aspekt. Ein Gegenstand (griechisch „problema") ist etwas, das in der Außenwelt vorliegt, das auch im Weg stehen kann, dann problematisch wird. Gegenstände können hindern. Ein Gegenstand steht *dagegen,* ist ein *Widerstand*, hat seinen Stand gegen uns. Daran anschließend begreift Flusser Gebrauchsgegenstände als jene, die man benötigt, um andere Gegenstände aus dem Weg zu räumen. Dieser Widerspruch – man braucht Gegenstände, um Gegenstände aus dem Weg zu Räumen – ist für Flusser die Dialektik unserer Kultur. Wir schreiten voran, stülpen dabei einige Gegenstände um in Gebrauchsgegenstände, die wir benötigen um die anderen Gegenstände, Probleme, Hindernisse aus dem Weg zu räumen. Dabei verbrauchen wir die Gebrauchsgegenstände oder diese werden, nach Ihrer Funktion, gebrauchslos. Daher produzieren wir durch unser Voranschreiten immer neue Gebrauchsgegenstände, auf die wir angewiesen sind. Und dennoch liegt darin ein doppeltes Problem begründet, bin ich doppelt behindert und eingeschränkt durch jene Gebrauchsgegenstände. Denn es entwickelt sich ein sich selbst verstärkender Prozess, da ich die Gebrauchsgegenstände benötige, um weiterzukommen, zugleich werden sie selbst zu Gegenständen (zu Problemen und Hindernissen) oder nach einmaliger Nutzung zu Abfall. „Je mehr ich fortschreite, desto mehr wird die Kultur gegenständlich, objektiv, problematisch."[101] Aber Flusser sieht eine Perspektive aus dieser scheinbaren Paradoxie. Denn die Gebrauchsgegenstände, die ich zum Fortschritt benötige, die mich aber zugleich auch daran hindern, sind Entwürfe vorangegangener Menschen, in den Weg geworfene Entwürfe anderer Menschen. Hieraus ergibt sich dann für Flusser die entscheidende Frage: Wie müssen solche Entwürfe gestaltet sein, dass die Nachfolgenden sie zum Voranschreiten nutzen können, aber zugleich so wenig wie möglich von ihnen behindert werden? „Das ist eine zugleich politische und ästhetische Frage, und sie bildet den Kern des Themas *Gestaltung*."[102] Da nun die Gebrauchsgegenstände auf die Entwürfe anderer Menschen zurück gehen, sind sie eine Art Medium, das zwischen Menschen vermitteln kann z.B. zwischen Entwerfer und Nutzer. Oder ihre Nutzung kann bereits so ausgestaltet sein, dass dazu Menschen miteinander kommunizieren müssen. Daher können bei richtiger Gestaltung Gebrauchsgegenstände nicht nur objektiv, sondern auch intersubjektiv und dialogisch sein. Und das ist Flussers in eine Frage gehüllte Forderung an die Gestaltung und die Gestalter: Die Entwürfe sollen so ausgelegt sein, dass sie das Intersubjektive, den Dialog und die Kommunikation stärker einfordern und fördern als das Objektive des bloßen Gegenstandes. Mit der Gestaltung und dem Entwerfen von Gebrauchsgegenständen geht eine Verantwortung einher; eine *Ver-Antwortung*, d.h. eine Entscheidung und der Entschluss dem Anderen für eine Antwort bereit zustehen. Der Begriff des Verantwortens ist in diesem Zusammenhang deutlich von Martin Bubers Theorie- und Vorstellungshorizont geprägt (vgl. Kapitel 2, 5 und 6). Ist der Gestalter bereit, Verantwortung zu übernehmen und für eine Antwort bereit zu stehen, dann betont er in seinem Entwurf das Intersubjektive und nicht das Objektive. Flusser sieht in der gegenwärtigen Kultursituation allerdings das verantwortungslose, auf den Gegenstand bezogene Entwerfen, was dergestalt die beschriebene Kette der Objektproduktion hervorruft, bei gleichzeitigem Zurückdrängen des Raumes für eine intersubjektive und dialogische Begegnung. Der wissenschaftliche und technische Fortschritt geht zwar voran, aber die begegnungsträchtigen Räume zwischen den Menschen werden kleiner und seltener. „Der wissenschaftliche und technische Fortschritt ist derart fesselnd, daß jedes verantwortungsvolle Gestalten geradezu als Rückschritt erlebt wird. Die gegenwärtige Kulturlage ist so, wie sie ist, weil verantwortungsvolles Gestalten als rückschrittlich erlebt wird."[103]

Aber mit den neuen Technologien zeichnet sich ein Wandel diesbezüglich ab. Denn durch die neuen Computer- und Kommunikationstechnologien werden immer mehr Gegenstände ohne stoffliche Basis entworfen, wie z.B. Computerprogramme. Und diese erlauben es für Flusser, den dahinter stehenden Menschen zu sehen; denn sie sind durchlässig. Daher ist ihre intersubjektive, dialogische Seite leichter sichtbar zu machen; und somit können die verstellten Räume zwischen den Menschen aufgeräumt, die Begegnung der Menschen erleichtert werden.

Es gilt, Gebrauchsgegenstände, materielle oder immaterielle, zu entwerfen, die immer weniger als Hindernisse erfahren und immer mehr als zwischenmenschliche Verbindung erlebt werden. Und als solches stehen wir am Anfang einer kulturellen Entwicklung, die sich durch eine zunehmende Immaterialität auszeichnet. Gegenstände, Kommunikation, das Bild, sie alle lösen sich auf und trennen sich zusehends von einem physischen Objekt, werden zu reinen Informationen, die zirkulieren. Und sie deuten so auf eine fundamental andere Kommunikationskultur hin. Um die neuen Codes der Technobilder verstehen und interpretieren zu können, benötigen wir eine neue Herangehensweise. Wir müssen die Technoimagination ausbilden, die es uns ermöglicht, die Technobilder zu entschlüsseln.

Technoimagination

Flusser nimmt gewöhnliche Dinge und beiläufige Situationen des Alltags in den Blick und zeigt an ihnen ungewohnte und neue Perspektiven auf. Er deutet so auf neue Anordnungen der Dinge. „Mit seiner Phänomenologie der Alltagssachen wollte er ein Netz von neuen Beziehungen sichtbar werden lassen, unbeachtete Verbindungen aufzeigen.“[104] Darüber hinaus ist natürlich der hermeneutische Blick auf das Bild, den Text, die Codes und die Kommunikation ein Teil des Flusserschen Denkens. Flusser versteht die Kommunikationstheorie dergestalt auch als eine hermeneutisch geprägte Wissenschaft, als eine interpretative Disziplin, die es mit Bedeutungen zu tun hat.[105]

Die Technobilder stellen nun eine neu Form der Codierung der Welt dar, die von den Menschen eine neue Form der Einbildungskraft fordern, um sie interpretieren und gänzlich verstehen zu können. Der Mensch muss die durch ihn selbst kodifizierte Welt, d.h. die wirkliche Welt, die mit Sinn angefüllt wurde, wieder neu zu erfassen lernen. Denn der Mensch ist ein der Welt entfremdetes Wesen und sucht mittels selbst hervorgebrachter Codes wieder mit der Welt in Verbindung zu kommen. Die Codes und die vom Menschen gesponnene kodifizierte Welt sollen dem Menschen Sinn vermitteln, der in der Welt, in die er durch Geburt geworfen ist, nicht vorhanden ist. Symbolgebung und Codeerzeugung, das Spinnen einer *Sinn*welt rettet den Menschen vor dem Wissen um seinen (unvermeintlichen) Tod, vor dem Zuströmen hin zur Entropie.

Und dieser Vorgang des Sinnentwerfens vollzieht sich durch Kommunikation über Codes mit anderen Menschen. Erst in Kommunikation mit Anderen webt sich das Netz der Sinnwelt, die die wirkliche, sinnlose Welt verschleiert. Aber diese Sinnwelt, die dem Menschen seine Existenz- und Todesangst nehmen soll, führt in dem Augenblick zu einer Krise, wenn der Mensch vergisst, dass diese ihn umgebene Welt auf einer Vereinbarung (Codes, Symbole) beruht und er diese nicht mehr entziffern und recht deuten kann. Somit wird deutlich, „daß Symbole nicht nur ihre Bedeutung zeigen, sondern sie auch verdecken, daß sie also nicht nur als sinngebend, sondern auch als wahnsinngebend funktionieren."[106] Die Technobilder sind der neue Code, der um sich greift und in den Vordergrund tritt. Der Mensch muss lernen, die Programmierung und die Funktionsweise der Technobilder zu durchschauen. Dies kann ihm nur mit einer ausgebildeten Techno-Imagination, die zur Entschlüsselung und zum Verständnis der Technobilder nötig ist, gelingen, mit der er die Apparate wieder unter seine Herrschaft bekommt und nicht bloß eine Funktion des Apparates bleibt. Flusser definiert nun die Techno-Imagination wie folgt:

„‚Techno-Imagination' soll nun die Fähigkeit genannt werden, durch Apparate erzeugte Bilder (‚Technobilder') zu verschlüsseln und zu entziffern. [Dem] liegt die Hypothese zugrunde, daß sich diese Fähigkeit von der traditionellen Imagination radikal unterscheidet."[107]

In unserer Zeit sind es die Technobilder und nicht mehr die Texte, die in der kodifizierten Welt die meisten Botschaften übermitteln. Und daher wird es für die Menschen überlebenswichtig, „die unsere Welt betreffenden Botschaften ‚richtig' zu senden und zu empfangen".[108] Gegenwärtig sind wir, nach Flusser, gerade erst dabei, die Fähigkeit der Techno-Imagination auszubilden. Wir sind noch nicht fähig, gleich einem Analphabeten in einer Textwelt, uns in der Technobilderwelt zu orientieren, da unsere „Erlebnis-, Denk- und Wertkategorien"[109] noch auf ein geschichtliches, linear-schriftliches Dasein ausgerichtet sind und noch nicht auf ein nachgeschichtliches, wie es sich durch das Aufkommen der Technobilder entwickelt hat. Da jede Codeform ein besonderes Existenzklima beinhaltet – das magische Dasein vermittelt durch die traditionellen Bilder und das historische durch Texte –, müssen wir „das historische Bewusstsein überschreiten",[110] um uns in der Welt zurecht zu finden.

Technobilder, bunte Oberflächen lösen in unserer Zeit die Linien als Träger von Botschaften und Informationen ab. Dies ist ein Zeichen für den Wandel unserer Codes, mit denen wir informieren und informiert werden. „Die neuen Codes, die uns über die Welt informieren und uns programmieren, sind Systeme, die aus Flächen bestehen."[111] Farbige Bilder sind heute nicht mehr nur Illustrationen zu Texten, sondern lösen den Text in seiner Hauptträgerschaft ab und wachsen zu einem eigenen, zweidimensionalen Code. Diese Bilder, Produkte der Technik, beinhalten einen neuen Code, den technoimaginären Code. Die Menschen müssen, ob der Radikalität und Plötzlichkeit dieses Wandels, die Entzifferung des neuen Codes erst noch lernen, diese neue Kulturtechnik entwickeln. Denn der zweidimensionale Code wird anders entschlüsselt. Und es wird nötig sein, bisherige Sichtweisen und alt hergebrachte Werte zu verändern und „aufs Spiel zu setzen. Denn die Technobilder kennzeichnet, daß sich in ihnen das Verhältnis zwischen der sogenannten Wirklichkeit und dem Symbolsystem (dem Code) umdreht. Alle früheren Codes – inklusive der traditionellen Bilder und linearen Texte – sind Träger von Botschaften hinsichtlich einer Welt, die es zu verändern gilt. [...] Die Technobilder hingegen sind Folgen einer Manipulation der Welt, welche die Absicht hat, Bilder herzustellen."[112] Dergestalt sind die Technobilder keine Vermittler zwischen Mensch und Welt, wie es die traditionellen Bilder und der Text waren bzw. versuchten, sondern sie nutzen die Welt als zu manipulierendes Datenmaterial, um sich so zwischen die Welt und den Menschen zu stellen. Die Welt „fließt" durch die Technobilder manipuliert zu den Menschen. Und nur eine sich ausbildende Technoimagination kann dem Menschen helfen, die Technobilder zu *durchschauen* und so die Herrschaft über die Apparate, über die Technobildproduzenten zu erlangen bzw. diese in den Griff zu bekommen.

Es gibt einen wesentlichen Unterschied zwischen dem alten, eindimensionalen, linearen Code der Schrift und der zweidimensionalen Codes der Bilder, die mit dem Aufkommen der Technobilder und ihrer Verbreitung, den eindimensionalen Code in Begriff sind abzulösen. Beim eindimensionalen Code, der Schrift, geht man linear von Buchstabe zu Buchstabe, Wort zu Wort, Zeile zu Zeile, Absatz zu Absatz bis man das Ende des Textes erreicht hat. Die Botschaft vermittelt sich sukzessiv während dieses Prozesses und ist mit der Beendigung des Lesens des Textes abgeschlossen. Anders gestaltet sich das Erfassen bei einem Bild, einem zweidimensionalen Code. Dort ist die Botschaft auf der Oberfläche ausgebreitet und kann unmittelbar wahrgenommen werden. „Sie kann im Überblick, synchronisch und oberflächlich, empfangen werden, um dann später vielleicht im Detail analysiert und vertieft zu werden."[113] Die Botschaft ist sofort und unmittelbar verfügbar. Beide Formen der Codes besitzen demnach eine unterschiedliche Art und Weise der Entschlüsselung. Die Art der

Entschlüsselung – synchron und unmittelbar oder diachron und prozessual – hat aber wesentlichen Einfluss auf die Botschaft selbst und die Welt, von der sie berichten. Denn der Code der Texte, der lineare Code, berichtet von einer historischen Welt und einem historischen Sinn. Der neue Code der Flächen hingegen ist und bleibt punktuell, sprunghaft und augenblicklich. Daher deutet sich mit dem Aufkommen und dem Durchsetzen der Technobilder und der Ausbildung der Technoimagination auch ein neues Zeitbewusstsein an, die die herkömmliche – an einer Linie ausgerichtete – Zeitvorstellung ablöst.

Zeit

An dieser Stelle deutet sich also erneut ein verändertes Zeitbewusstsein an, das mit dem Wechsel der Codes einher geht. Die Linie steht für die „Geschichte"; und das Mosaik, in das wir derzeit nur erst sporadisch tauchen, steht für die „Nachgeschichte". Beide besitzen eine unterschiedliche Zeitform und daraus unterschiedliche Kategorien, nämlich eine prozessuale für die herkömmliche Geschichte und eine zufällige, auf Möglichkeiten ausgerichtete für die Nachgeschichte; und unsere Krise der Kultur, die Flusser konstatiert, liegt darin begründet, dass wir die prozessuale Vorstellung auf die veränderte Situation, der Nachgeschichte anwenden wollen.

Beschauen wir daher abschließend nochmals kurz den Unterschied in den Zeitkategorien. Unsere Geschichte ist an einer Linie ausgerichtet, es gibt ein Vorher und Nachher, unsere Vorstellung von der Zeit ist die von einem Strom, der von der Vergangenheit über die Gegenwart in die Zukunft reicht. Wir haben diesen Strom, diese Linie eingeteilt in Abschnitte (Jahre, Monate, besondere Ereignisse), die es uns erleichtert, sie zu ordnen oder zu zählen. Jeder Augenblick erhält in diesem historischen Zusammenhang eine Einmaligkeit. Die Vorstellung der Zeit von Zeitpunkten, die aneinandergereiht eine Linie ergeben und sich von der Vergangenheit in Richtung Zukunft bewegen, führt dann auch zur Vorstellung von unmittelbarer Kausalität. Ein solches Zeitbewusstsein ist nun für „ein technoimaginäres Bewusstsein [...] der pure Wahnsinn".[114] Denn dort stellt sich die Zeit so dar, dass die Zukunft von allen Seiten in die Gegenwart dringt, sich *vergegenwärtigt*, und die Gegenwart damit als Zentrum der Zeit ausweist. Während in der Vorstellung der historischen Zeit die Gegenwart als ein Punkt auf einer Linie verstanden wird, den die Zeit durchläuft und damit die Gegenwart in einem Schwebezustand von einem Noch-Nicht und einem Nicht-Mehr verharrt und damit unwirklich ist, stellt sich dies in der Nachgeschichte anders dar. Dort ist die Gegenwart ein tatsächlicher Ort, „an welchem das nur Mögliche (die Zukunft) ankommt, um verwirklicht (eben gegenwärtig) zu werden."[115] Ein solches Zeitbewusstsein ist unmittelbar auf die Gegenwart bezogen, und die Gegenwart ist der Ort, an dem ich mich befinde, denn ich bin mir unmittelbar gegenwärtig. Auf welche Veränderungen deutet eine solche Sichtweise? Es ist in diesem Bild nicht mehr sinnvoll von einer Zeitrichtung, einem Zeitpfeil zu sprechen, da die Zukunft von allen Seiten auf mich einströmt und in der Gegenwart in mir konvergiert. Vergangenheit ist hier nicht eine weitere, unabhängige, dritte Zeitdimension, sondern ein Aspekt der Gegenwart; nämlich eine Art Staudamm, ein Gedächtnis der Gegenwart. Vergangenheit ist dergestalt nur verdeckte Gegenwart. Und ein weiterer wichtiger Unterschied zur herkömmlichen Ansicht von Zeit ist, dass die Zukunft nicht mehr sinnhaft aus der Vergangenheit erklärt werden kann: „Die Zukunft kommt an, sie folgt nicht ‚aus' etwas."[116] Dennoch sind wir in der gegenwärtigen Situation noch nicht bereit, ein solches neues Zeiterlebnis anzuerkennen. Wir sind noch nicht bereit für eine unfortschrittliche und unhistorische Zukunft, auch wenn sich

„allerorten beobachten [lässt], wie sich dieses technoimaginäre Zeiterleben äußert: in naturwissenschaftlichen, existentiellen usw. Theorien, im sogenannten ‚neuen Roman' und ‚neuen Theater' [...] Aber zugleich können wir beobachten, welch ein Chor von protestierenden, ja schimpfenden Stimmen sich erhebt [...] den Zeitbegriff tatsächlich vorstellbar zu machen. Das ist geradezu eine der Schwierigkeiten beim Versuch, unsere Krise zu überwinden".[117]

Bilder, Texte und Technobilder, Imagination und Technoimagination deuten dergestalt auf einen Wandel in der Wahrnehmung der Menschen von Welt hin. Denn mit dem Prozess der Änderung der Codes verändert sich sukzessiv auch unsere Weltwahrnehmung und unser Zeitbewusstsein.

5. Kommunikation und Existenz

Existenz, Kommunikation und Kultur sind bei Flusser grundlegend miteinander verwoben. Und Flusser nähert sich dem Thema der Existenz als Grundsituation des Menschen von verschiedenen Seiten und kommt immer wieder darauf zurück. Die menschliche Existenz ist nach Flusser eine Verurteilung zum Tod. Der Mensch ist mit Beginn seiner Existenz, dem Geworfensein in die Welt, fundamental einsam und zunächst sinnlos in der Welt. Die Existenz ist dem Wort nach (eksistere = außerhalb stehen) ein außerhalb der Natur stehen, ein Sprung aus der Natur. Der *Ursprung* des Menschen ist das Springen über den Abgrund. Und „Symbole sind Instrumente, um diesen klaffenden Abgrund zu überbrücken".[118]

Kommunikation bzw. Sprache ist bei Flusser ein Instrument, das der Mensch für den Sprung aus einer zunächst sinn- und bedeutungsfreien Existenz, der Bedeutungslosigkeit benötigt. Das ist Flussers existenzphilosophische Grundentscheidung. Jede sinnstiftende Handlung zielt darauf ab, dieser Ausweglosigkeit und Sinnlosigkeit des Lebens zu entgehen. Darauf zielt der Entwurf von Zeichen und Symbolen; sie bilden ein Universum von Bedeutungen um ihn herum. Aus diesem Grund ist für ihn „die Frage nach den Bedingungen der Möglichkeit und den Modi der Kommunikation"[119] zentral. Jede Kommunikation ist neg-entropisch, richtet sich als Kunstgriff des Menschen gegen den Tod, den Zerfall von Informationen. Kultur baut sich über die Kommunikation als ihre grundlegende Struktur auf und dient dem Bewahren von Informationen, ist Fundus aus dem geschöpft werden kann, um neue Informationen zu generieren und steht damit der sinnlosen Natur gegenüber. Durch Flussers Lostrennung der

Sprache vom Menschen und der Zuweisung derselben als ein Instrument gelangt er allerdings erst zu ihrer eigentümlichen, existentiellen Bedeutung. Weil Flusser den Menschen zunächst von Sprache trennt – der Mensch erfindet sie ja erst, um seiner sinnlosen Grundsituation zu entgehen –, kann Sinn und Bedeutung im Nachhinein als durch Sprache zu Erlangendes eingeführt werden.

„Zweck der menschlichen Kommunikation ist, uns den bedeutungslosen Kontext vergessen zu lassen, in dem wir vollständig einsam und incommunicado sind, nämlich jene Welt, in der wir in Einzelhaft und zum Tode verurteilt sitzen: [...] Die menschliche Kommunikation ist ein Kunstgriff, dessen Absicht es ist, uns die brutale Sinnlosigkeit eines zum Tode verurteilten Lebens vergessen zu lassen."[120]

Sprache ist bei Flusser dergestalt eine Erfindung des Menschen, um der existentiellen Not bzw. der Angst vor dem Tod zu entkommen. Und erst diese Tat der Erfindung, die Verneinung der Entropie und der Mendelschen Gesetze, kann nach Flusser „als das für Menschen kennzeichnende Merkmal angesehen werden".[121] Aber auch diese Negation der Vergänglichkeit und das Stemmen gegen den Tod ist nur vorläufig, da alle erworbenen Informationen schlussendlich zerfallen und der Entropie zufließen werden.

Diese Vergeblichkeit, der Entropie zu entkommen, lässt sich ferner als anthropologische Bestimmung des Menschen ansehen und verweist für Flusser auf die existentielle Conditio des Menschen. Sie ist durch den Versuch gekennzeichnet, durch Kommunikation von Informationen von Mensch zu Mensch, dem unvermeidlichen Tod zu entgehen und zugleich dem Leben einen Sinn zu geben.[122] Denn Sinn ist nicht in der

Welt, sondern wird erst aus und durch Sprache geformt und dann der Welt hinzugefügt. Miteinander verwoben bildet sich so eine kodifizierte Sinnwelt. Menschliche Kommunikation steht bei Flusser somit a posteriori. Der Mensch ist allein, ein einsames und von Beginn der Entropie zufließendes, von Sinnlosigkeit umgebendes Ich, das sich durch Kommunikation den Schleier einer bedeutungsträchtigen Welt webt, um dieses Schicksal zu vergessen. „Kurz, der Mensch kommuniziert mit anderen, ist ein ‚politisches Tier', nicht weil er ein geselliges Tier ist, sondern weil er ein einsames Tier ist, welches unfähig ist, in Einsamkeit zu leben."[123] Für Flusser sind Migration und Heimatlosigkeit Zeichen der Postmoderne und, gegründet auf seinen eigenen Erfahrungen der Heimatlosigkeit, dienen sie schließlich als anthropologische Bestimmung des Menschen als ein auf sich selbst zurückgeworfenes Wesen, welches sich aus dem Chaos zu befreien sucht.[124]

Identität

Die Sichtweise Flussers über die Einsamkeit der Existenz als Ausgangspunkt des Menschen wird nun von einer anderen seiner Überlegungen eingeschränkt, die eine beinahe umgekehrte Perspektive aufzeigt und eine Anlehnung an Martin Bubers Überlegungen darstellt. Es handelt sich hier um das Flussersche Bild eines gewebten Netzes aus Kommunikationen, in dem „die Knoten den einzelnen Menschen und die Fäden die informationsübertragenden Medien repräsentieren. [...] Die Frage, ob die Gesellschaft gut für den Menschen sein soll (rechts) oder der Mensch für die Gesellschaft (links), erweist sich dann als sinnlos, weil der Mensch ohne Gesellschaft und Gesellschaft als reine Abstraktionen aus dem konkreten zwischenmenschlichen Vernetzen gesehen wird."[125] Flusser folgt an dieser Stelle nicht dem traditionellen Verständnis der Identität als einem Ich-Glaube, der seinen Ursprung in einem monolithischen, individuellen Kern hat. In diesem unserem Alltagsverständnis, welches noch das Subjektverständnis der Aufklärung ausdrückt, wird unter Identität die Unverwechselbarkeit, Unteilbarkeit und Einmaligkeit jedes Menschen verstanden. Die Identität bildet dort das Kernstück des Wesens, aus der sich die rationale Orientierung des Menschen herausbildet und ableitet. Jede Person trägt einen wahren Kern in sich. Die persönliche Identität ist in ihrer Kontinuität und Gleichheit von jedem selbst und von anderen Menschen wahrzunehmen.

Gegenwärtige Ansätze der Identitätsforschung beinhalten nun auch Aspekte, die diese Sichtweise des Ich als einer monolithischen Instanz entkräftet. Gesichtspunkte wie Entfremdung, Diskontinuität oder Antinomien werden der Identität ebenso zugeordnet; und dadurch entstehen plurale Identitäten, Identitätsfelder, die sich überlagern und unterlegen. Weiterhin lässt sich auch von einem soziologischen Subjekt sprechen. Bei diesem bildet sich die Identität aus der reziproken Beeinflussung der Gesellschaft und ihrer kulturellen Werte. Während hier zwar im Wesentlichen auch noch ein innerer, harter Kern des Ich unterstellt wird, welcher sich durch den ständigen Austausch mit Anderen und der Gesellschaft ausbildet, wird dieser Kern im postmodernen Verständnis aufgelöst. Dort wird das Individuum als ein sich ständig wandelndes und fortlaufend veränderndes Individuum gesehen, das auch eine sich in und mit der Zeit wandelnde Identität beinhaltet, die sich auch und gerade zwischen Kulturen und Gesellschaften verändern kann. Die postmoderne Gesellschaft hat dem Menschen seine Behaustheit genommen, sein schützendes Dach von fester Identitätsbildung. Die alte Vorstellung eines Identitätskerns verliert Ihre Passung für unsere Zeit. Flusser sieht darin eine Chance; nämlich die Unbehaustheit als Möglichkeit zu erachten, zu einem freiheitlichen Handeln zu kommen. Zwar in einem anderen Zusammenhang stehend, aber auch als Sinnbild für die Identitätskonstruktion erhält der Mensch die Chance „aus den Kerkerzellen, die die gegenwärtigen Häuser sind, auszubrechen, und uns darüber zu wundern [...], so lange daheim und zu Hause ausgehalten zu haben, wo doch das Abenteuer vor der Tür steht."[126] So wird man zum eigenen Baumeister, Gestalter und Entwerfer seines eigenen Lebens und seiner Identität, die sich fortwährend entwickelt. Dies allerdings ist auch eine Erfordernis der Zeit, denn: „Die qualitativen Veränderungen in der Erfahrung von Alltagswelten und im Selbstverständnis der Subjekte könnte man so zusammenfassen: Nichts ist mehr selbstverständlich so wie es ist, es könnte auch anders sein; was ich tue und wofür ich mich entscheide, erfolgt im Bewusstsein, dass es auch anders sein könnte und dass es meine Entscheidung ist, es so zu tun. Das ist die unaufhebbare Reflexivität unserer Lebensverhältnisse: Es ist meine Entscheidung, ob ich mich in einer Gewerkschaft, in einer Kirchengemeinde oder in beiden engagiere oder es lasse. Auf diesem Hintergrund verändern sich die Bilder, die für ein gelungenes Leben oder erfolgreiche Identitätsbildung herangezogen werden."[127] Es sind die Bilder eines Surfers oder Nomaden, des Bodenlosen, die sich in diesem Zusammenhang als Folie für die Identitätsbildung und -arbeit anbieten und die den Bruch mit dem herkömmlichen Bild markieren. Das Bild von Identität als einen monolithischen Block tauscht sich ein gegen eine „Verdichtung" von Erfahrungen, Vorstellungen und Motivationen. Und der Aspekt der bewussten Identitätsarbeit drängt sich auf, in einer Welt, in der die Möglichkeitsspielräume immer größer und vielfältiger werden. Dort ist dann beispielsweise von der „Patchwork-Identität" die Sprache.[128] Flusser sieht nun die Identität als einen Knoten aus zusammenlaufenden Fäden innerhalb eines Kommunikationsnetzes, d.h. einer Verdichtung von zwischenmenschlicher Kommunikation.

„Wir wissen, aller Tradition zum Trotz, daß eine wahre Anthropologie davon auszugehen hat, daß wir Knoten innerhalb eines Kommunikationsnetzes sind und nicht selbständige Identitäten. Und daß daher ein menschenwürdigeres Dasein nur dann möglich wird, wenn die Kommunikation als die uns tragende und von uns gebildete Grundstruktur erkannt wird."[129]

Und genau das ist Flussers Gang vom Ich über das Du zum Wir. Die Vorstellung der eigenen Subjektivität und Identität sind für den Menschen nur ein Hilfsgerüst, um sich von dort aus den Objekten und Mitmenschen zuwenden zu können.[130] Dieses Glaubensprodukt führt allerdings auch zur Einkehr und den Rückzug ins eigene vorgestellte Ich. Flusser will diesen Glauben auflösen, indem er darauf hinweist, dass der Mensch selbst eine digitale Streuung, ein, wie schon erwähnt, sich mit Anderen überlagerndes zwischenmenschliches Beziehungsfeld ist. Und der dichteste Punkt, der größte Kreuz- bzw. Überschneidungspunkt, bildet dann das Ich, das aber aus einer Reihe von „Anderen" besteht. Denn die Anderen konstituieren diesen Überschneidungspunkt. In diesem Sinne muss der Mensch sich einem Du zuwenden, um darüber erst sein eigenes Ich bilden und ausgestalten zu können. Und genau dieser Prozess bildet dann im Fortgang den Schritt zu einem Wir. Allen voran steht dafür jedoch das Ablegen des Glaubens an die schützende Heimat des Ich und das damit einhergehende Verschließen vor einem Dialog. Beginnt der Mensch sich selbst als ein Knoten- und Beziehungspunkt innerhalb eines Netzwerkes zu verstehen, führt diese Offenheit zur Bildung neuer zwischenmenschlicher Beziehungen, zur Öffnung eines Feldes, das in Anschluss an Buber die Dimension des Zwischen oder des Zwischenmenschlichen genannt werden kann; es ist ein Feld des echten Wir, das sich konstituiert und für einen flüchtigen Moment das Ich und das Du dort ineinander aufgehen lässt. Und Ziel ist es, nach Flusser, in ein Stadium dieser Entwicklung zu kommen, wo wir nicht mehr zurück ins Ich und Du fallen, uns dorthin zurück ziehen, sondern das Wir sich ausbreiten und seine Flüchtigkeit sich in Permanenz wandeln kann. Die Entwicklungslinie lautet daher: „Vom Subjekt zum Projekt":

„Doch besteht das Grundanliegen dieses ganzen Buches gerade darin, dieses flüchtige und unfaßbare ‚wir' – dieser Ort der Entscheidung und Verantwortung – zu festigen und zu fassen. Zu zeigen, daß nur dieses ‚wir' konkret ist und daß ‚ich und du' flüchtige Abstraktionen daraus sind. Es geht in diesem ganzen Buch darum, die Kapsel des ‚ich' und des ‚du' ebenso aufzubrechen wie jene des ‚es', das Subjekt als ebenso unhaltbar auszuweisen wie das Objekt und damit dem konkreten ‚wir' das Feld zu öffnen."[131]

Karen Joisten weist in diesem Zusammenhang auf einen Widerspruch hin, der sich in dieser Konzeption findet.[132] Wenn nämlich das Wir der Ort der Entscheidung und Verantwortung ist, dieser Ort jedoch nur eine Flüchtigkeit besitzt, lösen sich mit ihm auch die Verantwortung auf. Das Ich und Du sind nicht mehr verantwortlich, da diese im Wir liegen, das sich jedoch schnell verflüchtigt. Damit verflüchtigt sich auch die Verantwortung, und dem Ich und Du verbleiben die Verantwortungslosigkeit. Ohne den Aspekt an dieser Stelle bis ans Ende zu führen, sei darauf verwiesen, dass die Verantwortung bereits im Ich und Du angelegt ist. Denn das Antworten und Verantworten ist ein existenzieller Aspekt des jüdischen Dialogs, aus dem Flusser später zusammen mit dem griechischen Dialog, seine besondere Dialogvorstellung synthetisiert. Daher wird der Aspekt der Verantwortung, der im Ich und Du angelegt ist, mit in das sich konstituierende Feld des Wir hinein genommen. Zudem lösen sich das Wissen, die Vorstellungen und Erfahrungen, die sich im Wir ausbilden, nicht auf, sondern verbleiben als Gehalt im sich zurückgezogenen Ich und Du. Somit verdoppelt sich die Verantwortung, wenn sich das Wir auflöst und wieder in ein Ich und Du zurückfällt.

Stufen der Kulturentwicklung

Wir haben bereits in Kapitel 4 gesehen, dass Flusser ein dreistufiges Modell der Kulturentwicklung vorschwebt. Zur Erinnerung: Der Mensch stellt erst aus der Notwendigkeit Sinn in das Chaos (die natürliche Welt) zu bringen, Codes – also Symbole und Zeichen – her. Aus diesen spinnt er sodann einen Schleier aus Bedeutung, der sich über die natürliche Welt legt und diese für den Menschen *begreifbar* macht. Damit entscheidet die Art und Weise der Codes, ihr Aufbau, ihr Gehalt über die Möglichkeit, Welt zu erfahren, zu erleben und zu verstehen. Die Codes entscheiden dergestalt grundsätzlich über unseren Zugang zur Welt und sind somit erkenntnistheoretisch aufgeladen. Jeder Mensch in einem Codeuniversum ist durch die Codes vorgeprägt, voreingestellt, vorgeformt. Flusser spricht in diesem Zusammenhang auch von Programmierung. Kein Mensch innerhalb eines solchen Universums kann dieser Vorprogrammierung entkommen; und außerhalb einer solchen Welt gibt es keine Menschen. Denn der Mensch kann eine bedeutungslose, sinnfreie Welt weder erkenntnistheoretisch begreifen noch existentiell ertragen.[133]

In diesem Zusammenhang steht nun die Einteilung Flussers in Vorgeschichte, Geschichte und Nachgeschichte, deren Übergänge jeweils gekennzeichnet sind durch einen Bruch der Codes, die die Welt nicht mehr ausreichend gut erklären und mit Sinn füllen können und es daher zu einer Veränderung der Codes kommt. Diese Veränderung birgt dann in ihrem Übergang von einem dominierenden Code zu einem neuen Code Probleme hinsichtlich der Begreifbarkeit und Nutzbarkeit für die Menschen. Die Menschen müssen mit den neuen Codes erst lernen umzugehen. Die erste Stufe in der westlichen Kultur nennt Flusser, wie bereits erwähnt, die vorgeschichtliche, die zweite ist die uns gegenwärtig verstandene lineare Geschichte. Und die dritte Stufe ist die gegenwärtige Situation, an der wir bzw. die westliche Kultur an einer Schwelle zu einem neuen Zeitalter stehen und den Umbruch der Codes miterleben. Es ist die Nachgeschichte. In seinem Buch „Ins Universum der technischen Bilder“ erweitert er dieses Modell hin zu einer fünfstufigen Typologie, die die höher werdende Abstraktion und die zunehmende Entfremdung des Menschen vom Konkreten und Unmittelbaren verdeutlichen soll. Es handelt sich dabei nicht, wie Flusser selbst betont, um eine Schematisierung der Kulturgeschichte, sondern um ein Modell, um die Übergänge der einzelnen Ebenen deutlicher zutage treten zu lassen.[134]

In der ersten Stufe sind der „Naturmensch“ und das Tier in eine Lebenswelt eingelassen und von dieser umschlossen. Sie leben in einer vierdimensionalen Raumzeit, in der das Leben vom konkreten Erleben gekennzeichnet ist und sich als solches unmittelbar vollzieht. Die zweite Stufe ist die Stufe des Fassens und Behandelns durch die uns vorangegangenen Menschenarten, in der ein Subjekt einem dreidimensionalen aus Objekten bestehenden Umstand gegenübersteht. Erst auf der Stufe des homo sapiens sapiens, der dritten Sprosse der Entwicklungs- bzw. Abstraktionsleiter, schiebt dieser zwischen sich und einem objektiven Umstand, Sachverhalt, Objekt, letztlich der Welt eine imaginäre und zweidimensionale Vermittlungsebene. Es handelt sich hierbei um die Stufe der Anschauungen und des Imaginierens, in der sich die traditionellen Bilder wie beispielsweise die Höhlenmalereien ausbilden. Der Mensch macht eine wesentliche Absetzbewegung von der Welt in Richtung Imagination.

Die vierte Stufe sieht Flusser vor etwa 4000 Jahren mit der Erfindung der Schrift beginnen. Mit der Schrift schiebt sich eine weitere Vermittlungsebene zwischen dem Menschen, den traditionellen Bildern und der Welt. Die konkrete Welt verschiebt sich um eine weitere Ebene nach hinten. Der linearen Schrift verdankt der Mensch von nun an den größten Teil seiner Anschauungen. Für Flusser ist diese Stufe die (geschichtliche) Stufe des Begreifens und des Erzählens. Es beginnt die lineare Geschichte, so wie wir sie auch heute noch sehen. In der Gegenwart zeichnet sich nun ein weiterer Wandel ab, der dadurch verursacht ist, dass die Texte sich als mehr und mehr unzulänglich erwiesen haben, die Welt zu veranschaulichen. „Sie erlauben keine weiteren Bildvermittlungen mehr, sie sind unanschaulich geworden. Und sie zerfallen zu Punktelementen, welche gerafft werden müssen. Es ist die Stufe des Kalkulierens und des Komputierens. Auf ihr stehen die technischen Bilder.“[135] Die technischen Bilder sind es nun, die Flusser als Merkmal der Gegenwart und der zu erwartenden Zukunft sieht. Beschaut man sogleich die Schritte zwischen den verschiedenen Stufen, den Sprung in eine neue Codierung der Welt, so sieht Flusser in der Erfindung der technischen Bilder ein völlig neuartiges Medium, die etwas völlig anderes bedeuten als die herkömmlichen Bilder. Es handelt sich bei dieser Entwicklung um eine tatsächliche Kulturrevolution. Wichtig in diesem Zusammenhang: Die einzelnen Codes werden nicht gänzlich aufgelöst durch den neuen Code, sondern sie bleiben im Zugriff des Menschen und werden von diesem weiterhin vereinzelt genutzt. Jeder Wechsel der Codes ist vergleichbar mit einem Wechsel des Code- und in gewisser Hinsicht auch des Sinnuniversums, welches sich ja durch den entsprechenden Code konstituiert. Auch wenn soeben von einem Sprung die Rede war, so darf dies nicht dazu verleiten, die Übergänge der einzelnen Stufen als eine Form von Emergenzsprung zu verstehen. Denn das Emportauchen eines neuen Codes kann zwar in gewisser Hinsicht plötzlich entstehen (wie bei der Erfindung der Fotografie als kennzeichnender Beginn der Technobilder), dennoch bedarf es eines Prozesses, der die sich neu bildenden Codes zur Geltung bringt. Denn ein Code kann sich nur weiter ausbilden und differenzieren, wenn er intersubjektiv verstanden wird und umgekehrt unmittelbar intersubjektive Anwendung findet. Daher stellen sich gewisse Übergänge in Flussers Stufengebilde für den Menschen als problematisch dar. Denn während die alten Codes ihre Aufgabe der Sinnbildung nicht mehr vollständig erbringen können, werden die sich neu bildenden Codes noch nicht vollständig verstanden, finden erst im Verlauf eines Prozesses ihre Durchsetzung und Anwendung. Das führt zur Krise der Kultur, der Gesellschaft, des einzelnen Menschen. Und das ist die Situation, die Flusser für die Nachgeschichte, in die wir uns gerade hineinbewegen, diagnostiziert. Beschauen wir kurz der Reihe nach die einzelnen Wechsel, die Sprünge zur nächsten

Ebene etwas genauer, die zugleich ein Eintreten in ein neues Universum bedeuten.

Im Gegensatz zum Tier besitzt der Mensch Hände, die in die Welt reichen können, die sie anfassen, ändern und informieren kann. Das Ausstrecken der Hand in die Welt bezeichnet Flusser als *Handlung*. Diese abstrahiert das handelnde Subjekt von der Welt, so dass das Subjekt einem dreidimensionalen Universum, welches mit Gegenständen gefüllt ist, gegenüber steht. Diese können bearbeitet, also informiert werden. „Kultur ist die Folge."[136]

Im nächsten Schritt bildet sich die Koordination von Augen und Händen, denn Hände arbeiten unter der Kontrolle der Augen. Die Augen können Gegenstände erblicken und Zusammenhänge bilden, sie können abstrahieren. Sie formen die „Weltanschauung", die durch die gestalterischen Fähigkeiten der Hände in traditionelle Bilder übergehen kann. Und nun schieben sich die Bilder zwischen die Welt und den Menschen. Er erfasst und verändert die Welt vermittels der Bilder, die auf seinen Vorstellungen und Anschauungen beruhen. Die traditionellen zweidimensionalen Bilder, aufgeladen mit Vorstellungen und hergestellten Beziehungen zwischen Dingen, die Sachverhalte ergeben, vermitteln die Welt. Dieses Fassen und Verändern der Welt stellt für Flusser eine magische Handlung dar.[137] Wie verläuft nun der Sprung vom traditionellen Bild zur Schrift, von einer gefüllten Bildfläche zu in Zeilen gereihten Begriffen?

Das traditionelle Bild besitzt zwar selbst keine Tiefe, die zu ertasten wäre, aber die bemalten Flächen lassen sich mit den Fingern berühren und „begreifen". Und wenn diese „begriffen" werden, dann können sie erzählen. Die Geste des Begreifens ist für Flusser der entscheidende Aspekt für den Übergang vom Bild zur Schrift. Denn es geht hier um die Übersetzung von Vorstellungen in Begriffe. Das Bild wird erklärt. Die Erklärung erhebt sich aus dem Begreifen der Bildoberfläche, dem mit den Fingern (und Augen) tastenden Aufnehmen der Darstellung durch ein „Zerfasern der Bildfläche zu Zeilen. Also um ein Abstrahieren der Höhe aus den Bildflächen, ein Reduzieren der Bilder auf die Eindimensionalität der Zeile.“[138]

Das lineare Universum der Schrift bildet sich. Texte wiederum sind aufgereihte, aneinander gefädelte Begriffe. Ein suchendes Scannen über eine Textseite ist für ihre Erfassung nicht ausreichend, auch gibt es auf einer Textseite keine Bedeutungsschwerpunkte. Der Text muss linear, in geordneter Reihe und nach einem Sprachregelwerk (Grammatik, Orthografie) gelesen werden, um seine vollständige Bedeutung zu entschlüsseln. Texte begrenzen die Bilder der Welt in eine Zeile und strukturieren und regeln die *Weltbilder*, so dass sie *erzählt* und erklärt werden können. Diese Regeln sind aber keine zwangsläufigen (z.B. durch Naturgesetze verursachte Regeln), sondern sind Teile der Textwelt. Löst man die in Texte verbundenen Szenen und zu beschreibenden Umstände, zerfallen diese „zu einem Schwarm von Informationsbits, Entscheidungsmomenten und Aktomen.“[139]

Übrig bleiben zusammenhangslose Punktelemente, die das Punktuniversum darstellen. Und aus diesem können Punkte z.B. durch Apparate zusammengerafft werden und so technische Bilder entstehen lassen, die Informationsballungen darstellen. Dieser Vorgang stellt eine neue Ebene der Kulturentwicklung dar – der Nachgeschichte –, die zu neuen (Welt)Bildern führt, die über die auszubildende Kulturtechnik des Technoimaginierens entschlüsselt werden können. Denn Technobilder sind zufällig emportauchende Möglichkeiten, die sich aus dem Punktuniversum konkretisiert haben. Aus der in Texten geordneten Welt, die linear, kalkulierbar und erzählbar ist, bildet sich eine Welt der technischen Bilder, deren existenzielle Stimmung der Sprung, die Möglichkeit, der Zufall und die Wahrscheinlichkeit ist. Denn auch die technischen Bilder, die durch menschenerzeugte Apparate entstehen, sollen *informieren* und so der sturen „Tendenz des Universums zur Desinformation"[140] entgegenwirken.

6. Dialog und Diskurs

Wie bereits an einigen Stellen angedeutet, gibt es für Flusser zwei wesentliche Art und Weisen, wie kommuniziert wird. Er unterscheidet in seinem Buch „Kommunikologie“ zwei unterschiedliche Formen der Kommunikation, den Dialog und den Diskurs, die er später an Medien knüpft und die Medien dahingehend in dialogische und diskursive Medien einteilt. Da Flussers Unterscheidung von Dialog und Diskurs in einem hohen Maß von Martin Bubers Ich-Du und Ich-Es Unterscheidung geprägt ist, soll an geeigneter Stelle auf verschiedene Verknüpfungen zwischen Flusser und Buber eingegangen werden. Dies dient zum einen der Explikation des Flusserschen Denkens durch die Auseinandersetzung mit Bubers Überlegungen.[141] Zugleich wird hierdurch aber auch das Innovative und Neue des Flusserschen Ansatzes besser sichtbar. Ein ähnliches Vorgehen wird sich übrigens auch in der Darstellung des Aspekts der Proxemik im nächsten Kapitel finden.

Dialog

Flusser versteht den Dialog als einen Prozess, „bei dem auf verschiedene Gedächtnisse aufgeteilte Informationen zu einer neuen Information synthetisiert werden“.[142] Es handelt sich also um eine Kommunikationsform und Beziehung, die etwas Neues hervorbringt. Dialogische Medien sind dann Medien, die den Dialog in seiner Entfaltung unterstützen, die die Neuschöpfung von Informationen ermöglichen. Der Diskurs verteilt dagegen vorhandene Informationen. Beide Formen, Dialog und Diskurs, benötigen einander; der Dialog benötigt Informationen, die zuvor von den Beteiligten durch Diskurse angesammelt wurden. Der Diskurs wiederum entsteht erst aus der Verteilung von Informationen, die zuvor in einem Dialog neu synthetisiert wurden. Solcherart gibt es keine Präzedenz, denn jedes dialogische Medium kann zu einem diskursiven und umgekehrt werden. Flusser erblickt zwei wesentliche Dialogarten, den jüdischen und griechischen Dialog, auf welche die zwei grundsätzlichen dialogischen Strukturen Kreis und Netz zurückgehen.

Als Bild für den griechischen, kreisförmigen Dialog zeichnet Flusser den Marktplatz und das Parlament auf. Dort sind die Dialogteilnehmer „um eine leere Mitte versammelt, in der sich die neu bildende Information aufstellt."[143] Bei dem Kreisdialog handelt es sich daher um ein nahezu geschlossenes System. Auf die westliche Tradition hat der griechische Dialog durch die sokratische Philosophie einen großen Einfluss ausgeübt und ist als Gedankenmodell tief im westlichen Denken verwurzelt. Bei Sokrates dient der Dialog als Spielfeld der Erfahrung des Bezugs zwischen einem Gegenstand oder Thema und jenen, die über dieses Thema sprechen.[144] Hier bildet die Erfahrung des Themas als ein sich gemeinsam stellendes Problem den sachlichen Grund für den Dialog. Es soll darüber gesprochen werden und durch den gemeinsamen Austausch, ein Schritt in Richtung Lösung des Problems bzw. Erweiterung des Wissens gemacht werden. Sokrates stößt Gespräche an, in denen im gemeinschaftlichen Zusammenspiel herausgefunden werden soll, was dasjenige sei, worüber belehrt werden sollte. Er tritt dabei nicht als Konkurrent der Sophisten auf, denn er verhält sich gegenüber seinen Gesprächspartnern fragend oder mitunter unwissend (sokratische Ironie) und nicht bestimmend. Dergestalt befinden sich alle

Gesprächsteilnehmer zum behandelnden Problem auf dem Standpunkt des Nichtwissens. Denn die vorgeblich Wissenden werden nach und nach im Gespräch über den zu sprechenden Gegenstand selbst zum Eingeständnis der Unwissenheit geführt. Der Vorrang des Sokrates vor den Anderen beruht nicht auf seinem Wissen über die zu sprechende Sache, sondern darin, dass er die Fragwürdigkeit des Problems am deutlichsten fördert und so das angebliche Wissen selbst problematisiert.

Der Dialog als die sokratische Methode des Philosophierens ist sachlich begründet.[145] Denn bei der Behandlungsweise eines Themas im Monolog ist die Mitteilung darüber durch den Vortragenden, den Wissenden fixiert und kann sich nicht im Wechselspiel entfalten. Im Gegensatz dazu vollzieht sich die Entfaltung des Themas im sokratischen Dialog durch das Problematisieren und den wechselseitigen Austausch. Dadurch ermittelt der Dialog den Gesprächsgegenstand im Vollzug des Dialogs vor den Anwesenden. Ein Problem wird zuallererst nicht behandelt, sondern erst gesucht und im Prozess des Gesprächs dann erklärt. Auf diese Weise stellt der sokratische Dialog eine sich vollziehende Analyse der Wirklichkeit, einen Aussage- und Erkenntnisprozess dar. Damit wird bei Sokrates der Gesprächspartner, der Andere zwar ehrlich gehört, aber dies nicht aus Nächstenliebe wie im jüdischen Dialog, sondern um als Korrektiv für das eigene Denken zu gelten. Der sokratische Dialog bleibt aus diesem Grund nicht ein Gespräch unter Freunden, sondern geht weiter zum *Logos* (λόγος), der im Verlauf des Dialogs in den Mittelpunkt tritt. Sokrates geht es in seinen Gesprächen nicht um das Ich und Du, um die Gemeinschaft, sondern um eine objektive Philosophie, um ein objektives Interesse. Der Schritt vom angeblichen Wissen zum Problematisieren, der Schritt von der Subjektivität zur Objektivität ist das Ziel dieses Vorgehens. Erst die Frage und das Problematisieren öffnet das Tor zur Objektivität; das Meinige, Subjektive wird als unwesentlich verstanden. Folglich wird die subjektive Bedingung des Dialogs, nämlich die Gemeinschaft der Teilnehmenden, durch die objektive Gemeinsamkeit der zu gebärenden Sache vervollständigt. Als Grundlage der Erörterung dient der von Sokrates eingeforderte Logos, d.h. die vernünftige Begründung der Beiträge; diese Vernunft ist das zugrunde liegende Gesetz der Gemeinschaft. Sokrates nennt seine Methode der geistigen Geburtshilfskunst, das Wissen aus anderen hervorzulocken, im Dialog mit Theaitetos *Mäeutik* (gr. maieutikê), die Hebammenkunst.[146]

Davon abzugrenzen ist nun eine jüdisch-christliche Dialogvorstellung, die Flusser als Netzdialog fasst und die bisher noch nicht oder nur wenig in den Blick der westlichen Denktradition gekommen ist.

„Hingegen gibt es eine implizite Analyse des Dialogs in der jüdisch-christlichen Tradition, welche in Bubers ‚Dialogischem Leben‘ ganz explizit wird und in überraschender Weise das dem Netzdialog inhärente existentielle Problem beleuchtet.“[147]

Der Netzdialog ist vom Kreisdialog durch seine Offenheit zu unterscheiden und fußt auf eine andere, eben jüdische Ontologie. In der griechischen Ontologie wird der Mensch zur Welt in einem Subjekt-Objekt-Verhältnis gesehen, ist der Mensch als „Ich“ der Welt als „Es“ gegenübergestellt. Im Judentum dagegen steigt das „Ich“ aus dem Angesprochenwerden des „Du Gottes“ empor. Es ist ein partnerschaftliches „Du“, das den Griechen fremd ist. Im jüdischen Dialog wird der Mensch zu einem „Du“ Gottes und Gott zum „Du“ für den Menschen und damit „versteht es sich von selbst, daß jeder Mensch als ‚mein anderer' für mich ein Aspekt Gottes ist."[148] Während die Form des griechischen Dialogs auf die Bildung neuer Informationen aus ist, betont der jüdische Dialog das Antworten auf das Angesprochenwerden und die daraus erwachsende Verantwortung für das Du.

Aus diesen beiden Dialogformen synthetisiert Flusser seine Dialogform, die zum einen die Erzeugung von Informationen als Kennzeichen des griechischen Dialogs beinhaltet. Zum anderen kommt damit der Aspekt des Antwortens und Verantwortens als existenzieller Aspekt des jüdischen Dialogs hinzu. Die Einschränkungen des Kreisdialogs führen Flusser zur Präferenz einer Netzstruktur als das Muster, welches die Bedingungen – Informationsgenerierung und Ausbildung zwischenmenschlicher Beziehung als existentielle Erfüllung des Menschen – am besten erfüllen und sich zugleich den sich ausbreitenden Diskursen entgegenstellen kann.

Eine qualitative Bewertung der beiden Kommunikationsformen Diskurs und Dialog, und daran anschließend der sie unterstützenden Medien, erhalten sie bei Flusser durch seine Definition menschlicher Kommunikation. Sie ist ihm ein künstliches Geschehen, das auf Erfindungen, Werkzeugen und Instrumenten, auf Codes und Symbolen beruht. Menschliche Verständigung ist in dieser Sicht nicht natürlich, sondern durch „Kunstgriffe" gekennzeichnet; aus diesem Grund verortet Flusser eine Kommunikationstheorie nicht innerhalb einer Naturwissenschaft, sondern innerhalb der Geisteswissenschaften. Die Eigentümlichkeit des Flusserschen Denkens liegt nicht unerheblich in dem Umstand, dass er naturwissenschaftliche Erkenntnisse in seine Darstellungen einlässt und so versucht, zwischen zwei „Denkwelten" dialogisch zu vermitteln. In diesem Zusammenhang lässt sich auch sein Versuch verstehen, einen dialogischen Ansatz, der zunächst die Unmittelbarkeit voraussetzt, auf die neuen Medien auszudehnen, in dem elektronische Apparaturen nicht mehr nur zwischenmenschlich-trennende und vereinsamende Auswirkungen auf die Menschen haben, sondern im Gegenteil die Technik dazu dienen kann, die Menschen dialogisch zu verbinden. „Für ihn unhaltbare Trennungen, wie die in Kunst und Technik, sind auf einen Dialog angewiesen und bedürfen darüber hinaus einer Ethik, einer kontinuierlichen Abschätzung von Freiheit und Verantwortung. Für Flusser kommt den Kommunikationswissenschaften in diesem Dialog eine Relais-Funktion zu.“[149]

Kommunikation als Ausdruck einer solchen Relation kann nach Flusser nur dann ihren Zweck erfüllen, nämlich die Einsamkeit und Sinnlosigkeit zu überwinden, „wenn sich Diskurs und Dialog das Gleichgewicht halten.“[150] Dieses Gleichgewicht sieht Flusser aber durch eine übermäßige Ausbreitung und der Vorherrschaft des Diskurses gestört, und damit die Gefahr der aufsteigenden Einsamkeit und Sinnlosigkeit. Die Ähnlichkeit in der Konzeption zu Bubers Grundworten ist hier evident. Auch Buber sieht die Geltung beider Grundworte, Ich-Du und Ich-Es, zueinander und betont, dass Ausgewogenheit zwischen beiden herrschen müsse. Die sich immer weiter aufblähende Es-Welt mit ihren Monologen, die Flusser als Diskurs bezeichnen würde, haben den Dialogbeziehungen den Raum zur Entfaltung genommen und stürzen den Menschen in eine Krise. Beide Grundhaltungen zur Welt, die Ich-Du- und Ich-Es-Haltung zur Welt, besitzen für den Menschen eine wesentliche Bedeutung. Dennoch bleibt bei Buber davon abgesehen eine Präferenz des Dialogs deutlich erkennbar. Und auch bei Flusser lässt sich eine gewisse Tendenz zum Vorzug des Dialogs entdecken, dass nämlich der Dialog die Möglichkeit des Antwortens bietet und dadurch den Zweck der Kommunikation, Sinn und Gemeinsamkeit herzustellen, besser erfüllen kann als der Diskurs. Denn die Gefahr einer Vorherrschaft der Dialoge ist für Flusser und für Buber keine Notlage, „sondern die der allgemeinen Massifizierung ist dringend ins Auge zu fassen.“[151] Mit den Worten Martin Bubers:

„In unserem Zeitalter hat die Ich-Es-Relation, riesenhaft aufgebläht, sich fast unangefochten die Meisterschaft und das Regiment angemaßt. Das Ich dieser Relation, [...] das unfähig ist, Du zu sprechen, unfähig, einem Wesen wesenhaft zu begegnen, ist der Herr der Stunde.“[152]

Diskurs

So wie Flusser die Struktur des Dialogs in Netz- und Kreisdialog unterteilt, stellt er vier Modelle von Diskursstrukturen vor, die in ihrer diskursiven Ausprägung unterschiedlich sind. Diese sind ineinander verwoben und lassen „sich in dieser reinen Form in der Praxis nirgends finden.“[153] Es sind Theater-, Pyramiden-, Baum- und Amphitheaterdiskurse.

Theaterdiskurse

Theaterdiskurse – Beispiele dafür sind neben dem klassischen Theater auch das Klassenzimmer, der Konzertsaal oder das bürgerliche Wohnzimmer – sind dadurch gekennzeichnet, dass der Sender mit einer Wand im Rücken, die ihn und seine gesendeten Informationen vor äußeren „Geräuschen“, d.h. Störungen, abschirmt, Informationen über Kanäle (in diesem Fall der Luft als Schallträger) an die Empfänger leitet. Die Informationen lagern im Gedächtnis des Senders und werden über die Kanäle an andere Gedächtnisse (Empfänger) gesendet, wo sie wiederum gelagert werden. Die Wand sorgt dafür, dass die Informationen möglichst unverändert durch äußere Einflüsse übermittelt werden. Da die Empfänger der Informationen grundsätzlich die Möglichkeit haben, unmittelbar auf die übersandten Informationen zu antworten, ist der Theaterdiskurs prinzipiell offen für Dialoge. Diese Dialoge beinhalten die „Gefahr", dass die ursprünglich übermittelten Informationen modifiziert werden, so dass diese Form des Diskurses nur bedingt dazu geeignet ist, „die verfügbaren Informationen treu zu erhalten",[154] sie unverändert zu lassen.

Pyramidendiskurse

Um Informationstreue, die „Reinheit" der Information besser gewährleisten zu können, bieten sich die Pyramidendiskurse an, die man z.B. in Armeen oder autoritären Parteien und autoritären Gesellschaftsformen findet. Das Besondere an Ihnen ist, dass zwischen dem Sender, den Kanälen und den Empfängern ein Relais geschaltet ist. Dieses hat die Funktion, die gesendeten Informationen vor der endgültigen Übergabe an die Empfänger von Störgeräuschen zu befreien und die Informationen zu Kontrollzwecken an den Sender, den „Autor", zurückzusenden. Erst dann werden sie an die Empfänger weitergeleitet. Bei Strukturen, die Pyramiden gleichen, gibt es mehrere Hierarchieebenen, die durch Kanäle verbunden sind, an deren Ende zunächst ein Relais steht, das die Information „reinigt", also unverfälscht erhält bzw. die „Reinheit" überprüft und an die höher liegende Ebene rückkoppelt. Dann gibt das Relais die Informationen an die darunter liegende Hierarchieebene weiter. Charakteristisch ist hier, dass die Informationen stufenweise (hierarchisch und autoritär) überprüft und dann erst an die (vielen) Empfänger weitergeleitet werden. Man erhält so ein hohes Maß an Informationstreue bzw. Unverfälschtheit der Information. Der Pyramidendiskurs „duldet" so gut wie keine Veränderung der Information. Er ist also gut für die Erhaltung der ursprünglichen Übermittlung geeignet, lässt aber, in der Natur der Sache liegend, kein Umwandeln, kein Fortschreiten der Information zu. In den Gedächtnissen (Empfänger) lagern die Informationen so, wie vom Sender ausgesandt. Die Empfänger haben selbst keine Möglichkeit der Rückkopplung, der Sendung von Informationen. „Verantwortung und Revolution sind in der Pyramidenstruktur auf dem Niveau der Empfänger ausgeschlossen."[155] Damit kann es dort keinen Dialog geben. Es handelt sich idealtypisch um ein geschlossenes System. Um mehr Fortschritt, mehr Raum für die Generierung von neuen Informationen durch die Empfänger zu ermöglichen, aber dennoch ein hohes Maß an Informationstreue zu gewährleisten, muss der Pyramidendiskurs modifiziert werden.

Baumdiskurse

Bei den Baumdiskursen werden statt Relais, die ja nur die Unverfälschtheit der vorherigen gesendeten Informationen durch Rückkopplung an die vorherige Ebene sicher stellen, Dialoge installiert und damit grundsätzliche Änderungen eingeführt. Denn diese Dialoge zersetzen die Informationen und fügen sie zu neuen zusammen. Die erzeugten neuen Informationen werden dann weiter versandt. Ein Beispiel hierfür ist der wissenschaftliche und technische Diskurs. Da die neu zusammengesetzten und weiter gesendeten Informationen selbst wiederum aus einem solchen Vorgang erwachsen sind, kann eine eigentliche Urquelle, eine Singularität nahezu nicht ausgemacht werden. Zudem zerfällt der Diskurs in weitere Bereiche und stößt vielfältig neue Diskurse an. Daher ist die Baumdiskursstruktur ideal für das Fortschreiten und den Neuentwurf von Informationen, hingegen mäßig wirksam für den unveränderten Erhalt von Informationen. Zwar ist diese bis zu einem gewissen Maße (wie in den Wissenschaften) rückführbar und bleibt damit in gewisser Hinsicht im Diskurs erhalten. „Aber das Ausarbeiten ständig neuer Informationen kann andererseits als fortschreitende Verformung der zu verteilenden Informationen verstanden werden.“[156] Eine weitere Besonderheit der Baumdiskurse ist die Zielführung auf bestimmte Empfänger. Das liegt letztlich an dem besonderen Code (z.B. der Wissenschaftssprache, mathematische Formeln etc.) und an seiner extremen Ausdifferenziertheit. Um im Bild der Wissenschaft zu bleiben: Kein Wissenschaftler kann sämtliche Diskurse in all seinen Verzweigungen verfolgen und die entsprechenden Informationen in seinem Gedächtnis speichern. Dafür ist die Verzweigung innerhalb der Baumdiskurse zu groß. Er zielt dergestalt auf keinen bestimmten Empfänger, der ihn erfassen könnte. Das wiederum ist auch nicht möglich, da, wie beschrieben, der Code sehr spezifisch ist und nicht von allen Gedächtnissen gleichermaßen aufgenommen werden kann. Daher birgt er die Gefahr in sich, das eigentliche Ziel der menschlichen Kommunikation, nämlich die Überwindung der existentiellen Einsamkeit, zu verfehlen. Aus diesem Grund werden die Baumdiskurse zunehmend von einer anderen Diskursart überlagert, die ein Elaborat der Theaterdiskurse ist.

Amphitheaterdiskurs

In dieser Diskursart ist die „Wand“, die sich im Theaterdiskurs befindet, entfernt, so dass die Information des Senders zunächst nach allen Seiten ausstrahlen kann. Solcherart sind Beispiele für diese Diskursform die Massenmedien wie der Rundfunk, Plakate oder die Presse. Klassische Beispiele sind der Zirkus oder das römische Kolosseum. Die Struktur des

Amphitheaterdiskurses ist davon gekennzeichnet, dass es zunächst nur zwei Strukturelemente aufweist: Den Sender, dessen Gedächtnis die zu sendende Information enthält und die Kanäle, die diese Informationen in alle Richtungen senden. Einen konkreten Empfänger gibt es nicht. Aber selbstverständlich zielt dieser Diskurs besonders auf den Empfang der Daten. Dies ist durch seine zu allen Seiten ausstrahlende Sendung, der man sich nahezu nicht mehr entziehen kann, sicher gestellt. Es handelt sich also um eine möglichst große Anzahl zu treffender „zufälliger" Empfänger, die von den übermittelten Informationen erreicht werden sollen. „Die Strukturlosigkeit der empfangenden Gedächtnisse (der ‚Masse') ist in den Ausstrahlungen der Amphitheaterdiskurse vorgesehen."[157] Aufgrund der Streuung der Informationen ist ein unmittelbarer Bezug zwischen den an der Kommunikation beteiligten Menschen nicht mehr gegeben. Dies wird durch den Umstand verstärkt, dass eine Antwort bzw. eine Rücksendung nicht möglich ist, da dafür keine Kanäle bereit stehen. Daher ist auch jede Verantwortung ausgeschlossen.

Die Empfänger können nichts weiter tun, als die empfangenen Informationen zu konservieren. Und dies fällt besonders leicht, da diese in einem einfachen, nahezu universellen Code übermittelt werden, der eine Aufnahme ohne weiteres ermöglicht. Dies ist ein wichtiger Unterschied zum vorher beschriebenen Baumdiskurs, der durch einen spezifischen Code übermittelt wird. Ein weiterer wesentlicher Unterschied liegt in der Aufhebung der Notwendigkeit, aus Empfängern Sender zu machen. Die Amphitheaterdiskurse benötigen dies nicht mehr, da die Sender mittlerweile zu einem großen Teil aus kybernetischen Gedächtnissen und Programmen bestehen, die nur noch wenig menschlichen Anstoß benötigen. Die Sender sind unsterblich und senden unaufhörlich. Der Informationsstrom bricht nicht mehr ab. Daher muss sich aus der Perspektive der Sender der Informationsstrom auch so gut wie gar nicht mehr in beide Richtungen (Antwortfunktion) bewegen.

„Daher ist der Amphitheaterdiskurs für beide Absichten der Informationsverteilung die weitaus beste Diskursform: er erhält die Information, indem er seine Empfänger in Informationskonserven verwandelt, und er garantiert den Informationsstrom, da seine Sender ‚ewig' funktionieren. Es ist diese Perfektion der Kommunikation, welche in anderen Kontexten mit dem Begriff des ‚Totalitarismus' versehen wird."[158]

So birgt der Mangel an Antwortmöglichkeit, an Dialog, in besonderem Maße die Gefahr der Ausbreitung von totalitären und autoritären – von nur einem Autor stammenden – Informationen bzw. Strukturen. Und erst die Möglichkeit des Dialogs, zusammen mit den beschriebenen Diskursarten, bietet die Möglichkeit zu einer ausgewogenen Kommunikationsstruktur zu gelangen.

Durch die Unterscheidung der beiden Kommunikationsformen „Dialog" und „Diskurs" kommt Flusser in diesem Zusammenhang zu einer Einteilung der Medien, die sich in diskursive und dialogische Medien einteilen lassen und in denen besonders die elektronischen Medien zur Geltung kommen. Denn gerade das Fernsehen ist ein Beispiel für eine Besiedlung des Lebensraumes der Menschen mit einer Diskursform, die keine Antwort- und Reaktionsmöglichkeit mehr gestattet. Und ein weiterer wichtiger Punkt tritt in diesem Zusammenhang auf, der über die strukturellen Aspekte hinaus geht. Denn z.B. mit dem Fernseher ist eine besondere Plattform für die Technobilder geboten; und diese stellen einen

„ganz anders gearteten Code“[159] dar, der ein anderes Grundverständnis als der alte alphanumerische Code und das traditionelle Bild als Code erfordern. Der Code der technischen Bilder, der nun Einzug in die Wohnzimmer erhält, ist als ein Wechsel in der Kodierung anzusehen (vgl. Kapitel 4). Und die Codes sind es, die uns programmieren.

Diskursive Medien

Medien sind für Flusser „Strukturen (materielle oder nicht, technische oder nicht), in denen Codes funktionieren. Danach sind Telefon und Schulklasse, der Körper und der Fußball Medien: sie erlauben den Codes zu funktionieren, und zwar jedes Medium auf seine spezifische Weise.“[160]

Flusser sieht nun zwei große Klassen, in denen man die Vielfalt der Medien einteilen kann. Es sind zum einen jene Medien, in denen eine kodifizierte Nachricht von einem Sendegedächtnis aus zu einem Empfängergedächtnis fließt und zum anderen die Medien, bei denen die Nachrichten zwischen Gedächtnissen hin und her strömen können. Die diskursiven Medien sind durch die erste Beschreibung bezeichnet, die dialogischen durch die zweite. Die diskursiven Medien bzw. die diskursiven Kommunikationsformen verteilen vorhandene Informationen von einem Sender zu einem Empfänger, um diese Informationen zu bewahren, der entropischen Wirkung der Natur zu widerstehen. Beispiele hierfür sind nach Flusser das Kino, Fernsehen oder Plakate. Nur in diskursiven Medien ist übrigens die Unterscheidung zwischen Sender und Empfänger sinnvoll, da in dialogischen Medien sich die Sender zu Empfänger wandeln und umgekehrt. Das ist zwar auch innerhalb der diskursiven Medien möglich, man kann dies allerdings nicht sofort und über den selben Kanal. Möchte man auf einen Zeitungsartikel antworten, muss man einen Leserbrief schreiben, der ggf. in einer späteren Ausgabe abgedruckt wird. Damit wird deutlich: Nicht das Antwortenkönnen oder eben das Nichtantwortenkönnen ist das zentrale Unterscheidungsmerkmal zwischen dialogischen und diskursiven Medien, sondern die Mittelbarkeit bzw. die Unmittelbarkeit der Antwort. In diskursiven Medien besteht nur eine mittelbare Antwortmöglichkeit. Gerade dieses nur mittelbare Antwort-gebenkönnen verweist auf den Begriff der Verantwortung, der unter anderem auch die Potentialität des Antwortens auf empfangene Nachrichten beinhaltet. Diskursive Medien tragen dergestalt eine *Verantwortungslosigkeit* in sich, denn eine Antwort auf die übersandten Informationen ist nicht direkt möglich.

Diskursive Medien haben die Absicht, vorhandene Informationen in andere Gedächtnisse zu transferieren. Die Information wird quantifiziert, da sie nach dem Diskurs in mehrere Empfängergehirne – und weiterhin im Sendergehirn – vorhanden ist. Es handelt sich bei dem Transfer um eine Art Kopie, die je nach Störgeräuschen in den Kanälen exakt ist. An diesem Bild wird deutlich, dass keine neuen Informationen durch den Diskursprozess erlangt bzw. erzeugt werden, sondern nur eine Vervielfältigung der schon vorhandenen Information. Die wichtige Funktion dieser Informationen ist ihre Verfügbarkeit innerhalb der Dialoge. Das heißt innerhalb der Dialoge wird auf die Informationen zurück gegriffen, die in den Diskursen erlangt wurden. In den Dialogen wird dann aus den vorhandenen Informationen Neues synthetisiert. Dieser Prozess – das Verteilen von Informationen durch Diskurse und diskursive Medien und das Neuschöpfen aus diesen Informationen im Dialog – muss in einem ausgewogenen Verhältnis stehen. Herrschen die Diskurse vor, so wie es Flusser für die aktuelle Gesellschaft konstatiert, droht eine faschistische und totalitäre Gesellschaft. Und da es sich bei der gegenwärtigen Kulturrevolution um eine technische handelt, stellt Flusser die Frage, „ob es technisch möglich ist, die faschistische Struktur der Bildausstrahlung umzuformen",[161] und in eine dialogische zu überführen, die die zwischenmenschlichen Bindungen, das gesellschaftliche Netz stärken und wiederbeleben.

Dialogische Medien

In Abgrenzung zu den Diskursen und diskursiven Medien, stellt Flusser die Möglichkeiten des Dialogs bzw. der dialogischen Medien in den Mittelpunkt; und zwar jenes Dialogs, der die Fähigkeit besitzt, durch eine weltumspannende Netzstruktur alle Menschen der Welt einzubeziehen. Es geht ihm demnach darum, die dialogische Möglichkeit der Netzkommunikation als Grundlage der Überwindung der existenziellen Bedrohung des Menschen durch die Sinnlosigkeit seines Seins zu entwerfen. Dem Dialog ist daran anschließend das Kommunikationssystem des Netzes zugeordnet, während der Diskurs bei Flusser in Form des Rundfunksystems Ausdruck findet. „Im Rundfunksystem ist ein zentraler Sender strahlenförmig und eindeutig (‚univok') mit einer Anzahl von pheripheralen [sic] Empfängern verbunden."[162]

Im Netzsystem bzw. Dialog werden Informationen neu synthetisiert, im Rundfunk bzw. Diskurs werden Informationen gespeichert und einseitig verteilt. Innerhalb dieser beiden Systeme lokalisiert Flusser zwei unterschiedliche Stimmungen, die offenkundig von Bubers Unterscheidung des Dialogs und der Ich-Es-Relation inspiriert ist.

„Dem dialogischen Netzsystem entspricht die Stimmung der

Verantwortung (Möglichkeit zur Antwort) und der Tätigkeit (Ausarbeitung von Informationen).“[163]

Flusser nennt an dieser Stelle die Schlüsselbegriffe der Buberschen Dialogphilosophie: *Die Ver-antwortung*, die man für das Du besitzt, trägt in sich selbst das dialogische Wort; es ist die Antwort, die das Du und das Ich je zu geben bereit sein müssen und zu verantworten haben. Und wenn Flusser von der Tätigkeit spricht, erinnert er an Bubers Prinzip des Wirkens und Verwirklichens. Denn die unmittelbare Beziehung ist für Buber ein Wirken am Anderen, das schließlich zu einem wahren Erkenntnisakt und zu neuem Wissen führt.[164] Und bei beiden, Flusser und Buber, steht daher die Form der Kommunikation, diskursiv/monologisch oder dialogisch, im Vordergrund und weniger der Inhalt der Kommunikation. So spricht Flusser von der Synthetisierung neuer Informationen im Dialog, ohne deren Qualität und Gehalt als solche zu bewerten. Es geht um das schöpferisch Neue, das sich durch den Dialog manifestieren kann. Und es sind die neuen technischen Möglichkeiten, die es uns heute ermöglichen können, einen weltumspannenden Dialog zu führen und auszufüllen.

Flusser spricht immer wieder von der Potentialität dieser Aussicht, von der Möglichkeit des Verwirklichens. Zwar ist die Kulturrevolution, wie bereits oben erwähnt, eine technische. Es ist eine technische Frage, „ob und wie die dialogischen Fäden gezogen werden können“.[165] Doch diese Frage muss voran schreiten und zu einer politischen Frage werden, da die technischen Möglichkeiten und ihre Auswirkungen auf die Gesellschaft letztlich eine solche erzwingen. Denn von der Ausgestaltung des medialen Schaltplans, der Sender und Empfänger hängt es ab, ob die Gesellschaft sich hin zu einer demokratischen, freiheitlichen und schöpferischen entwickelt, oder ob sie totalitär und faschistisch wird. Denn Sender, die zwar dialogische Funktionen besitzen, aber im Dienste und unter Kontrolle einer Regierung oder kommerziellen Institutionen stehen, stützen den Diskurs und diskursive Strukturen unter Vorgaukelung der Möglichkeit des Antwortens. Die stark eingeschränkte Funktion (Zensur) des Internets in verschiedenen Ländern (z.B. China) kann hierfür ein aktuelles Beispiel sein.

Diskursive und dialogische Medien sind elementare Bestandteile einer Gesellschaft. Wie eine Gesellschaft ausgestaltet sein muss, die die heutigen technischen Möglichkeiten so nutzt und anwendet, dass man von einer freiheitlichen, schöpferischen und demokratischen sprechen kann, zeigt Flusser in seinem Entwurf der telematischen Gesellschaft. Aber eine solche Gesellschaft muss von den Menschen gewollt werden, sie ist kein sich erfüllender Prozess, der als Ergebnis technischer Innovation steht, sondern sie setzt einen Konsensus der Menschen voraus. „Eben ein solcher Konsensus ist jedoch nicht in Sicht.“[166] Denn die Menschen wollen von den ankommenden Informationen, den Bildern zerstreut werden und nicht ihr Bewusstsein, wie es für einen Dialog nötig wäre, sammeln und sich konzentrieren. Sie verharren derzeit in der Programmierung der Sender und ihren angebotenen Möglichkeitsspielräumen oder in den hoch spezialisiert geführten Baumdiskursen.

„Auf der Ebene der Masse hat die Kommunikationsrevolution den Dialog durch die Ausarbeitung der Massenmedien vernichtet, und auf der Ebene der Elite hat sie ihn durch die Ausbreitung der Baumdiskurse in kleine geschlossene und daher verfremdete Kreise zerrieben.“[167]

Aber für Flusser deutet sich das Emportauchen einer neuen Gesellschaft an, die sich gegen die diskursiv geschalteten Bilder stellt. Es geht um ein Engagement gegen Strukturen und Schaltpläne und für Netzsysteme, die sich gegen die diskursiven Massenmedien behaupten können.

7. Telematische Gesellschaft

Flusser schwankt zwischen Medienkritik und Utopie, er verweist auf die Möglichkeiten der Entwicklung des Diskursiven und Dialogischen. Die telematische Gesellschaft gründet mithin theoretisch auf die Überlegungen in Flussers *Kommunikologie*. Aber auch alle bisher erwähnten Themen lassen sich in der telematischen Gesellschaft verorten und finden dort ihre Anwendung. Die Planung von Städten und Verkehrsströmen, der Bau von Häusern, die Ausgestaltung von Wohnungen oder das Design von Gegenständen, sie alle tragen als Bestandteile einer solchen Gesellschaft und Träger von Bedeutung ihren Teil dazu bei, eine telematische Gesellschaft sich verwirklichen zu lassen oder eben eine solche zu verhindern. Wiederkehrendes Motiv ist das Spannungsfeld zwischen den beiden Polen „Dialog" und „Diskurs", die beide als Möglichkeit in einer solchen Gesellschaft angelegt sind. Aber es muss der Dialog sein – das Pendeln, Speichern und Generieren von Informationen –, der ein leichtes Übergewicht gegenüber dem Diskurs erhält, da der Dialog zu einer freien, partizipativen und schöpferischen Gesellschaft führt. Ein ausgewogenes Verhältnis von Dialog und Diskurs sieht also ein kleines Mehr an Dialog vor und nicht ein rein paariges Verhältnis von Dialog und Diskurs.

Eine durch den Diskurs dominierte Gesellschaft wird autoritär – wird zu einem postindustriellen Faschismus –,[168] aber eine auf den Dialog aufbauende und durch ihn dominierte Gesellschaft besitzt besonderes Potential. Die telematische Gesellschaft ist Flussers positiver Entwurf einer zukünftigen Gesellschaft, die keine Machtkonzentrationen kennt, sondern aus einem Netz von Kommunikationen, in denen die Menschen (und auch Maschinen) die Knotenpunkte und Relais' darstellen, besteht. Die telematische Gesellschaft stellt in ihrem Wesen eine schöpferische Gesellschaft dar, sie bietet durch ihre Freiheit und die freie Zirkulation der Informationen Partizipation und Gestaltungsmöglichkeit. Diese ersten Zeilen des Kapitels geben bereits eine grobe Zusammenfassung der telematischen Gesellschaft. Innerhalb dieser Gesellschaft findet der „neue" Mensch seinen Platz, der sich nicht mehr als Subjekt, sondern als ein Projekt versteht, der sich selbst entwirft und sich dadurch von der Bedingtheit durch die Natur, der Heimat und des Körpers befreit.[169] Die bereits beschriebene Heimatlosigkeit bildet erst die Voraussetzung für die freie Wahl von zwischenmenschlichen Beziehungen und der damit einhergehenden Verantwortung für diese Menschen. Der Mensch ist in ein Netz verstrickt, an dem er selbst mitarbeitet, es selbst mitgestaltet. Beschauen wir an dieser Stelle einzelne Aspekte in diesem Entwurf genauer.

Wissen und Wahrheit

In einer telematischen Gesellschaft erhält *Wissen* eine besondere Konnotation, denn Wissen und Wissensbestände, ihre Struktur und Gewinnung verweisen immer auch auf Machtstrukturen und -zentren. Innerhalb des Kommunikationsprozesses der telematischen Gesellschaft werden immer wieder neue Informationen zu prozessieren versucht. Aus diesem Grund stellt sie die ideale Informationsgesellschaft dar; neue Informationen werden ständig generiert, alte Informationen werden gespeichert und weiter verteilt. Das Entwerfen neuer Informationen erfolgt durch die Rekombination bereits vorhandener Informationen. In der telematischen Gesellschaft ist das Medium für diese andauernde Prozessierung nicht mehr die Schrift, sondern das technische Bild, die aus Punkten zusammengesetzte Bildmosaike darstellt. Denn die Schrift selbst wechselt vom Papier hin ins elektromagnetische Feld. Und das hat einige wichtige Veränderungen zur Folge. Genau genommen wandelt sich der alphanumerische Code, wenn er ins elektromagnetische Feld wandert, in ein Technobild, den neuen Code, der nicht mehr (nur) linear Zeile für Zeile abgetastet wird, sondern mit Sprüngen und Bedeutungsknoten versehen ist und sich offen und nicht geschlossen gibt. Zudem basiert ein im technischen Universum erstellter Text ebenfalls auf wissenschaftlichen Formeln und technischen Programmen. Er ist sozusagen eine Programmierung eines solchen. Und das wiederum hat auch Auswirkungen auf die Organisation von Wissen. Aber der Reihe nach.

Das Schreiben auf Papier folgt der Linearität der Zeile. „Erst wenn man Zeilen schreibt, kann man logisch denken, kalkulieren, kritisieren, Wissenschaft treiben, philosophieren – und entsprechend handeln."[170] Aber das Schreiben auf Papier ist insofern eingrenzend, als dass es sich aus dieser vorgegebenen Struktur nicht befreien kann, es läuft Zeile für Zeile einem Schlusspunkt entgegen, ohne wesentliche Möglichkeit der Richtungsänderung. Es ist daher diskursiv, und z.B. ein Teil der Baumdiskurse. Das Schreiben eines Textes ist eine Kreation, ist als Ergebnis Kreativität, d.h. das „Erzeugen vorher nicht da gewesener Informationen",[171] was zwar eine dialogische Tendenz bekundet; aber dennoch bleibt der diskursive Charakter erhalten, weil der Text von Zeile zu Zeile einem Schluss, der Abgeschlossenheit entgegen zielt. Daher gilt für Flusser: „Schreibt man auf Papier, dann ist man gezwungen, seiner Kreativität Grenzen zu setzen. Und zwar nicht nur, weil die Zeilen ihrer Struktur nach einem Schlußpunkt entgegenlaufen, sondern auch, weil die materielle Unterlage (das Papier)

Grenzen auferlegt."[172] Das ist bei Texten, die ins elektromagnetische Feld geschrieben werden, anders. Zwar werden diese auch Zeile für Zeile abgebildet, aber sie weisen zwei wesentliche Merkmale auf, die sie von den Papiertexten abheben. Sie verlaufen zum einen nicht mehr eindeutig, sie können eine andere Richtung einschlagen, sie können springen (z.B. Hypertexte) und dadurch ihre Linearität überwinden. Sie bilden daher keinen Schluss, sondern sind in ihrer Struktur und Organisation gerade offen angelegt. Die Kreativität wird daher nicht mehr beschnitten, sondern kann sich in ihrer Sprunghaftigkeit und „Augenblicklichkeit" ausleben. Sie können somit den Schlusspunkt, als auch einen Ausgangspunkt darstellen. Die Offenheit dieser Texte ist aber auch tatsächlich gegeben. Die Texte können jederzeit weitergeschrieben, manipuliert, verändert und überarbeitet werden (z.B. Wikipedia). „Ein derart geschriebener Text wird ‚dialogisch' sein, und zwar zuerst einmal im Sinn eines Zwiegesprächs".[173]

Und damit stellt der Text selbst nicht mehr einen kreativen Schlusspunkt dar, sondern einen fortwährenden kreativen Prozess. Die Kreativität – die Neuschöpfung von Informationen – findet selbst innerhalb eines solchen Prozesses statt und ist ein Teil davon. Der Text selbst ist eine Aufforderung, er soll nicht mehr nur als Information gespeichert werden (wie im Diskurs), sondern er ist an kreative Empfänger gerichtet, die den Text kreativ weiterführen. Die Absicht ist dann gar nicht mehr, ein fertiges (geschlossenes) Werk herzustellen, sondern das schöpferische Wirken des Menschen anzuregen. Das Schreiben selbst wird zu einer Befreiung und ist ein Schritt hin zu einem dialogischen Sein. „Kurz, man beginnt, wenn man auf diese Art schreibt, beim Schreiben dialogisch zu denken, zu schaffen, zu leben. Auch und vor allem in jenem Sinn, den Martin Buber gemeint hat."[174] Und auch wenn es zunächst den Anschein hat, sind solche Texte kein Produkt einer Kausalkette mehr, sondern sind eine Art Zufallsentwurf, in dem die darin angelegten Möglichkeiten emportauchen, sich vergegenwärtigen, um danach wieder hernieder zu sinken und einer neuen verwirklichten Möglichkeit den Platz zu räumen. Mehr noch sind diese digitalen Texte als eine Verwirklichung von Möglichkeiten des eigenen Selbst zu verstehen. Im digitalen Weltbild, so Flusser, ist das Selbst als eine digitale Streuung von verwirklichbaren Möglichkeiten zu begreifen, „ein Knotenpunkt einander kreuzender Virtualitäten [...]. Die aus dem Computer auftauchenden alternativen Welten sind ein Umsetzen des Eingesehenen in die Tat.“[175]

Aber auch die Wissenschaft wird sich in einer telematischen Gesellschaft wandeln. Bisher galt in der herkömmlichen Welt das wissenschaftliche Wissen als besonders ausgezeichnet. Es ist in erster Linie die Methode, mit der sich die Wissenschaft der Welt zuwendet und Phänomene in den Blick nimmt. Die wissenschaftliche Methode „besteht, kurz gesagt, aus folgenden Phasen: Zuerst wird ein Phänomen beobachtet, und zwar seitens der Körpersinne und seitens Instrumenten, welche diese Sinne schärfen.“[176] Anschließend gilt es, das Beobachtete in vernünftige (auf bestehendes Wissen aufbauende) und nachvollziehbare Hypothesen zu bringen. So entstehen eine Reihe von Hypothesen die widerspruchsfrei in eine Theorie geordnet werden. Gelingt es irgendwann nicht mehr einzelne neue Hypothesen dort zu verorten, muss die Theorie umgebaut und neu geordnet werden. Zur Überprüfung dieses Hypothesengebäudes sucht die Wissenschaft ständig nach Hypothesen, die das Gebäude zum Einsturz bringen, um so einen anhaltenden Fortschritt und eine Verbesserung zu gewährleisten. Der Antrieb ist die Methode des systematischen Zweifels der Wissenschaft an sich selbst. Flusser sieht genau darin einen gewichtigen Widerspruch. Einerseits wird der Zweifel an sich selbst (der Wissenschaft) gepflegt, andererseits weist sich das wissenschaftliche Wissen selbst als das bessere gegenüber anderen (z.B. Religion, lebensweltliche Weisheiten) aus. Dieser Widerspruch wurde zwar in der Wissenschaftsgeschichte von Galilei über Descartes bis hin zu Edmund Husserl versucht aufzulösen. Dies sei aber bisher nicht gelungen. „Der Widerspruch steckt nämlich im Kern des bisherigen Wissensbegriffs als Übereinstimmung des Denkens mit irgend etwas Bedachtem. Dieser Begriff widerspricht sich selbst, denn er beruht auf dem Widerspruch zwischen dem Denken und dem Bedachten, und keine wie immer geartete, auf diesem Begriff basierende Epistemologie kann ihn beheben.“[177]

Flusser kritisiert weiterhin eine Korrespondenztheorie der Wahrheit. In dieser wird Wahrheit verstanden als die Übereinstimmung von Aussagen und Theorien über einen Wirklichkeitsausschnitt. Aussage und Wirklichkeit korrespondieren in dieser Perspektive miteinander. Wird der Wirklichkeitsausschnitt von einer Aussage richtig beschrieben, so wird angenommen, dass diese Übereinstimmung zeitlos richtig ist. Wahrheit ist demzufolge eine statische Eigenschaft einer Relation zwischen Aussage und Wirklichkeit. Das Problem, das sich hier stellt, liegt in dem Missverhältnis zwischen Aussage und Beobachtung. Denn die Wahrheit oder Falschheit einer Aussage ist nicht ohne weiteres feststellbar, da ja die Aussage nicht unmittelbar mit der Beobachtung konfrontiert werden kann, sondern nur mit ihrer sprachlichen Ausformulierung.[178]

„Was wir ‚die Welt‘ nennen, was von unseren Sinnen mit nicht völlig durchschauten Methoden zu Wahrnehmung, dann zu Gefühlen, Wünschen und Erkenntnissen komputiert worden ist, sowie die Sinne selbst sind reifizierte Komputationsprozesse. Die Wissenschaft kalkuliert die Welt, so wie sie zuvor zusammengesetzt wurde. Sie hat es mit Fakten, mit Gemachtem, nicht mit Daten zu tun.“[179]

Flusser plädiert für einen neuen Wissensbegriff, da letztlich zwischen Denken und Bedachtem nicht unterschieden werden kann. Ein Beispiel findet sich in der Physik der Teilchen. Es ist nicht zu klären, ob ein Quark (eine bestimmte Art von Elementarteilchen) „etwas Bedachtes (Partikel) oder etwas Bedenkendes (ein Symbol)“[180] ist. Wahrheit ist nun bei Flusser kein Sachverhalt oder Zustand mehr, sondern drückt sich durch die Bewertung von Verhältnissen aus. Wissenschaft und Wahrheit sind demnach nicht mehr Kronzeugen (un-)möglicher objektiver Erkenntnis, sondern lösen sich für Flusser auf in Kallistik bzw. Ästhetik, von der aus sie bestimmt werden müssen. Je eleganter, je schöner die Modelle sind, die uns die Welt erklären, desto eher werden sie „für wahr“ gehalten. Letztlich muss nach Flusser die Schönheit (z.B. eines Erklärungsmodels) als alleiniges annehmbares Wahrheitskriterium gelten. „Je schöner der digitale Schein ist, desto wirklicher und wahrer sind die projizierten alternativen Welten.“[181] Und unser Unbehagen und Misstrauen gegenüber dem Begriff des „digitalen Scheins“, weist uns als einen noch in den alten Kategorien denkenden Menschen aus: subjektiv, linear denkend und geschichtlich bewusst, der dem Neuen gegenüber steht und das Neue mit den alten Kategorien nicht erfassen kann. Denn beide, die gegebene und die alternativen, aus dem Computer stammenden Welten bestehen aus Punktelementen, die sich nur in ihrer Dichtheit und der Anordnung der Punktelemente unterscheiden. Bei den einen sprechen wir von Atomen (oder noch weiter zergliederbaren Teilchen) und bei den anderen von Bits und Bytes, vom Computer errechneten Zuständen. Flusser sieht hierin einen wichtigen Grund für unserer Vorbehalte den digitalen Welten gegenüber. Denn sie sind von uns entworfen und sind uns nicht gegeben, wie die uns umgebende Welt. Wir misstrauen also dem künstlich Hergestellten. „Wir mißtrauen diesen Welten, weil wir allem Künstlichen, aller Kunst mißtrauen.“[182]

Aber genau das ist es, was der Mensch in der telematischen Gesellschaft sein wird: ein Künstler, Schöpfer, Spieler und Entwerfer, der die in ihm und in der Situation angelegten Möglichkeiten in Wirklichkeit übersetzt. Er ist selbst eine Streuung von Punktelementen, eine, wie Flusser es nennt, digitale Komputation, d.h. eine aus Zahlen bzw. Punkten herausgeschleuderte und projizierte Möglichkeit, die sich verwirklicht hat. Und haben wir dies erst einmal akzeptiert, gilt es, dieses Eingesehene in die Tat umzusetzen. Und genau das sind z.B. die Entwürfe digitaler Welten, die die gleiche Realität beanspruchen, wie die uns unmittelbar umgebende. Der weit entfernte Mensch, den ich über reversible Kabel erreichen und darüber mit ihm kommunizieren kann, erhält die gleiche Realität, wie der mir unmittelbar gegebene Andere. Eine Unterscheidung von Wahrheit und Schein, Kunst oder Wissenschaft ist kaum mehr möglich. Vielmehr wird alles Kunst. „Das Wort ‚Schein‘ hat dieselbe Wurzel wie das Wort ‚schön‘ und wird in der Zukunft ausschlaggebend werden. Wenn der kindliche Wunsch nach ‚objektiver Erkenntnis‘ aufgegeben sein wird, dann wird die Erkenntnis nach ästhetischen Kriterien beurteilt werden.“[183]

Daher übersteigt die Kunst die Wahrheit bzw. die Wissenschaft. Dieses in der telematischen Gesellschaft vorherrschende Bewusstsein löst sich von Kategorien wie „wahr“ oder „objektiv“ und führt über zum konkret „Erlebten“, zu den (intersubjektiv) verwirklichten Modellen in konkreten Situationen. Flusser deutet also auf eine Multiperspektivität des menschlichen Erkennens hin, die mit der Auflösung des Glaubens an eine Wahrheit oder ein objektiv gültiges Wahrheitskriterium zusammenfällt.[184]

Die Wissensbestände sind nun in einer telematischen Gesellschaft nicht mehr in einzelnen Individuen (z.B. Experten) gebündelt, sondern verteilt in einem Netz. Das Wissen verteilt sich, es ist selbst netzförmig aufgebaut. Das besondere daran ist, dass das vernetzte Wissen allen Netzelementen zum Zugriff und zur Veränderung offen steht. Daher werden große unzugängliche Wissenscluster, die zugleich die Gefahr einer Machtkonzentration beinhalten, unwahrscheinlich. In der telematischen Gesellschaft wird das Wissen zu einem umfassenden Hypertext, der zudem fortdauernd aktualisiert und neu entworfen wird.[185]

Nicht nur der Zugriff auf den Wissensbestand ist frei, sondern auch der Austausch und der Fluss von Informationen ist hürdenfrei gewährleistet. Der Mensch als Knotenpunkt von Kommunikationen, Informationen und Wissen innerhalb eines solchen Netzes wird ein schöpferischer sein, da ihm die Möglichkeiten der Teilnahme und der Mitgestaltung gegeben werden. Und auch wenn der Mensch in der telematischen Gesellschaft weniger mit dem unmittelbaren Menschen zu tun hat und sich scheinbar in das Ich-Gehäuse zurückzieht, ist es genau das Gegenteil, das sich vollzieht. Durch die Proxemik (vgl. unten) steht er in Kontakt mit unzähligen Anderen; und durch die Möglichkeit des Antwortens über reversible Kabel überschreitet er fortwährend seine Individualität. Diese wiederum spinnt sich gerade aus den unzähligen Kommunikationsfäden, die den Menschen in diesem Netzwerk durchlaufen. Daher ist weniger ein zu starker Rückzug ins Ich, eine Individualisierung zu befürchten, sondern eher eine zunehmende

Auflösung des Ich zu konstatieren, die sich mit der zunehmenden Vernetzung entwickelt.

„Die Gesellschaft zerfällt in Körperhaufen, in ‚einsame Masse', und die zwischenmenschlichen Bindungen, das gesellschaftliche Gewebe gehen in Auflösung über. Die vereinzelt vor Computerterminals sitzenden, einander den Rücken wendenden jungen Kalifornier haben kein soziales Bewußtsein. Sie gehören keiner Familie an und identifizieren sich mit keinem Volk und mit keiner Klasse. Sieht man jedoch diese Zerstreuung unideologisch, nämlich ‚phänomenologisch', dann wird man an ihr das Emportauchen des neuen sozialen Gewebes erkennen. Man wird die Fäden erkennen, welche diese ‚neuen Menschen' mit den Sendern der technischen Bilder verbinden. Man wird erkennen, daß es sich nicht um ‚a-soziale', sondern um ungewöhnlich stark sozialisierte, wenn auch in einem neuen Sinn sozialisierte Menschen handelt. Um derart stark sozialisierte nämlich, daß wir bei ihnen trotz ihrer scheinbaren Vereinsamung, um ihre Individualität fürchten müssen."[186]

Das Besondere an dieser Form der Hinwendung zu Anderen, ist die unmittelbare Überwindung der räumlichen Distanz durch reversible Kabel. Die Möglichkeiten des Angesprochenwerdens und des Antwortens sind nunmehr unmittelbar gegeben, und zwar auch für räumlich weit entfernte Menschen. War hierfür früher noch der unmittelbar Andere, mein mir gegenüberstehendes Du *verantwortlich*, kann nun durch den herangeholten entfernten Menschen ein solches zwischenmenschliches Feld erzeugt werden. Diesen Prozess nennt Flusser Proxemik.

Proxemik

Flusser prägt mit seiner Bedeutung des Begriffs der Proxemik eine besondere Sichtweise von Distanz und Nähe, Vermittelbarkeit und Unmittelbarkeit. Die Proxemik wird herkömmlich verstanden als das Raumverhalten innerhalb des Kommunikationsprozesses in einer Kultur. Das Raumverhalten wird als ein eigenständiges, nonverbales Kommunikationssystem verstanden. Die Proxemik – im herkömmlichen Sinne – untersucht nun die Signale, die Menschen durch das Einnehmen eines gewissen Abstandes wechselseitig übermitteln. Und da das Raumverhalten kulturspezifisch ausgebildet ist, kann ein Verhalten in verschiedenen Kulturen eine unterschiedliche Bedeutung haben bzw. andere Reaktionen auslösen. So gibt es verschiedene Distanzzonen (z.B. intime, persönliche oder soziale), die von Kultur zu Kultur variieren. Zum Beispiel im Rahmen von interkultureller Kommunikation kann dieser Unterschied beachtenswert und wesentlich sein. Für Flusser spielt zwar auch das Raumverhalten im Zusammenhang mit dem Begriff der Proxemik eine wichtige Rolle, aber in einer deutlich anderen Ausrichtung. Für ihn geht es um das Heranholen des entfernten Du.

In der abendländischen Kommunikation lassen sich für Flusser zwei Codetypen unterscheiden: die zweidimensionalen imaginativen und die eindimensionalen konzeptuellen Codes. Während der erste Codetyp Bilder der Phänomene übermittelt, tastet der eindimensionale Code die Phänomene ab und führt sie in Prozesse über. Im Dialog sind nun beide Aspekte enthalten und laufen gleichzeitig ab. „Durch Dekodierung des eindimensionalen Codes können die Gesprächspartner die jeweilige Botschaft verstehen, durch Dekodierung des zweidimensionalen Codes können sie sich gegenseitig erkennen."[187] Das Zusammenspiel der beiden Codetypen kann die Einsamkeit der Gesprächspartner zumindest teilweise überwunden werden. „Fehlt aber wie bei Briefen und Telefongesprächen der imaginative Code, so bleibt die Einsamkeit der Partner unangetastet. Der Dialog beschränkt sich dann auf den Austausch einer eindimensionalen, konzeptuellen Botschaft."[188]

In den neuen technischen Möglichkeiten sieht Flusser die Fähigkeit zur Überwindung der Vorherrschaft des Diskurses – und damit dem Aufkommen der manipulierten und einsamen Masse – und der Etablierung des Dialogs. Flusser hat sich in seiner Konzeption von Diskurs und Dialog zu einem großen Teil an Bubers Unterscheidung von Ich-Du und Ich-Es und seiner Vorstellung eines echten Dialogs orientiert. Für Buber kann ein vollkommender Dialog nur in der Unmittelbarkeit von Ich und Du stattfinden. Alle anderen Formen, z. B. Telefon, Brief usw., sind letztlich Reduktionen des echten Dialogs. Die Unmittelbarkeit ist eine Grundvoraussetzung für das „echte" Gespräch, und eine Kommunikation ohne anwesenden Körper kann in Bubers Augen nicht zum umfassenden Dialog und damit zur Menschwerdung führen.

„Wenn wir je dazu gelangten, uns nur noch durch den Diktographen, also kontaktlos, miteinander zu verständigen, wäre die Chance der Menschwerdung bis auf weiteres vertan."[189]

Um diese Bubersche Vorstellung der Unmittelbarkeit auf den Bereich der Medien und der Kommunikation über Medien ausdehnen zu können, muss Flusser diesen Aspekt neu bewerten und definieren. Aus Unmittelbarkeit wird bei ihm dann Nähe, die er so versteht, dass eine leibliche Anwesenheit gar nicht mehr erforderlich wird. Über die Telematik ist für

Flusser nämlich die *Proxemik* möglich, das Heranholen des Anderen aus der Ferne. Diese von ihm geprägte neue Nähe-Kategorie sucht das dialogische Potential der neuen Kommunikationstechnologien zu heben.

Proxemik ist für ihn Nähe und Unmittelbarkeit ohne eine raumzeitliche Begrenzung, und durch sie lässt sich eine wirkliche Nächstenliebe hervorrufen, da alle Menschen durch reversible Kabel untereinander verbunden sein können. Mit Blick auf den Begriff der Solidarität und Nächstenliebe kritisiert Flusser einen verwässerten Humanismus der Gegenwart, der den ursprünglichen Gedanken, nämlich dem Streben nach Menschlichkeit, der Ausbildung von Freiheit, Toleranz und Achtung vor und Verantwortung für den anderen Menschen, nicht mehr verwirklicht. An dieser Stelle setzt Flussers Proxemik oder Teleproximation an. Denn durch sie kann man vielen wirklich näher kommen und über das Internet neue Gemeinschaften stiften. Menschen können zu Nachbarn werden, obwohl sie viele tausend Kilometer von einander entfernt sind. Zudem sieht Flusser in der körperlichen Abwesenheit und einer reinen geistigen Nähe den Vorteil der Ausschaltung physischer Vorhaltungen. Das, was am physisch Anderen uns in der körperlichen Unmittelbarkeit abhalten würde, kommt in der Proxemik nicht zum Zug, da man einander nahe ist, ohne sich dem Blick des Anderen aussetzen zu müssen. Der Blick des Anderen, im Sinne Sartres, macht mich zu seinem Objekt und konstituiert dergestalt eine Subjekt-Objekt-Beziehung, einer Situation, der ich mich ausliefern muss. Der Andere macht mich durch seinen Blick zum An-sich, einem Objekt, genauso wie ich ihn durch meinen Blick zu einem solchen mache. Denn nur die gegenseitige Verobjektivierung kann Voraussetzung für den eigenen Subjektstatus sein; dem Wissen, um mein Subjektsein. Zwischenmenschliche Beziehungen sind daher nach Sartre zum Scheitern verurteilt. Denn: „Die Hölle, das sind die anderen“, wie es in seinem Theaterstück „Geschlossene Gesellschaft“ heißt. Dies alles nun kann Flusser durch die Proxemik umgehen, die mir den anderen Menschen körperlos näher bringt. Und in der Tat bietet die bereits in Kapitel 3 nach Flusser entworfene und beschriebene Architektur unserer Häuser und Wohnungen, so wie man sie heute schon vorfindet, durch die Ausstattung mit Internet-, Telefon-, Fax-, Kabel- und Satellitenanschlüssen die Möglichkeit, aus dem eigenen Raum einen öffentlichen Raum zu machen. Und es besteht keine Notwendigkeit mehr, sich noch in den alten, außerhalb der Wohnung befindlichen öffentlichen Raum zu begeben und mit anderen Menschen unmittelbar in Kontakt zu treten. Die Kommunikationsströme laufen nunmehr durch unsere Wohnzimmer, und gleich einem Surfer können wir auf diese Ströme und Wellen aufspringen, mitsurfen und wieder abspringen. Aber es gibt noch einen weiteren Aspekt, der in diesem Zusammenhang von Bedeutung ist und der auf die bereits angesprochene Ich-Konzeption Flussers anspielt.

Neswald sieht beispielsweise bei Flusser eine quantitative Ich-Konzeption, deren Zusammenhalt und Dichte wesentlich in der Zahl der Beziehungen gemessen wird.[190] Aber Flusser führt neben der Anzahl der Beziehungen auch die „Intensivität der Beziehungen, die einen mit dem anderen verbinden“,[191] an.

„Je stärker ich mit einem anderen verbunden bin, desto näher steht er mir, und desto näher stehe ich ihm, gleichgültig welche raumzeitlichen Einheiten uns voneinander trennen mögen. [...] Je näher mir jemand ist, je zahlreichere Fäden mich mit ihm verbinden, desto größer die Zahl der zwischen uns strömenden Informationen. Das heißt: der Reden und Antworten, die zwischen uns pendeln. Je näher mir jemand steht, desto größer die Verantwortung, die wir einander gegenüber tragen."[192]

Flusser zerlegt an dieser Stelle die Präsenz und Unmittelbarkeit des Anderen und der damit einhergehenden maximalen Gegebenheit des Du für das Ich und umgekehrt in eine stufenweise verwirklichbare Unmittelbarkeit durch technische Erweiterungen bzw. Apparaturen. Lassen sich z.B. Bilder und Sprache übertragen, ist die Beziehung intensiver, als wenn nur Sprache übermittelt würde. Ließen sich zudem olfaktorische und haptische Aspekte hinzufügen, wären die telematischen Fäden zwischen Ich und Du nahezu gleichzusetzen mit einer Vis-a-vis-Situation. Flusser fügt seiner Ich-Konzeption als weiteren Bestandteil neben der Intensität auch die Menge der Beziehungen hinzu. Es geht um das Potential, über ein telematisches Netzwerk mit unzähligen Menschen in Kontakt treten und diesen Kontakt halten zu können; ganz im Gegensatz zur unmittelbaren Kontaktaufnahme und -pflege, die sich bildet und dann wieder in Latenz zerfällt: „Jemand hat ausgerechnet, daß wir als Anthropoiden höchstens mit acht Personen in tatsächlicher Verbindung sein können."[193] Wenn Flusser somit die Quantität der Beziehungen als wichtiges anthropologisches Merkmal aufzeigt, bieten telematische Beziehungen, wie gerade erwähnt, in einem fast unendlichen intersubjektiven Netzwerk größere Verwirklichungsmöglichkeiten als begrenzte unmittelbare Beziehungen, „um nicht in irgendeinem Selbst verkapselt bloße Möglichkeiten zu bleiben."[194]

Durch telematische Vernetzung können die Menschen persönliche Beziehungen knüpfen und gleichzeitig dann eine persönliche Verantwortung für den Anderen übernehmen.

Denn nur dort, wo man in einer echten persönlichen Beziehung zu einem Du steht, kann sich für Flusser ein gegenseitiges Verantwortungsbewusstsein bilden. „Die Idee der allgemeinen Verantwortung stirbt. An deren Stelle tritt eine persönliche, intersubjektive Verantwortung. Die Ethik erhält dann das Kriterium der Nähe. [...] Durch die Hintertür kommt ein neuer Begriff der Nächstenliebe, weil ein neuer Begriff der Nähe entstanden ist. [...D]ie Proxemik, die Nähe, ersetzt, glaube ich, den verwässerten Humanismus“[195]

Durch das In-Verbindung-treten mit den heran geholten Entfernten und der dadurch möglichen und sich vollziehenden Übernahme der Verantwortung für das Du überschreitet Flusser die ursprüngliche Sicht des Judentums und Christentums, die immer den unmittelbar Gegebenen meinen, wenn sie von Nächstenliebe und dem Anderen sprechen.

Mit diesen Menschen, den über Telematik nahe gebrachten Entfernten stehe ich in einer zwischenmenschlichen Beziehung und trage ihnen gegenüber die Verantwortung. „Das ist, glaube ich, Telematik.“[196] Und die Telematik, die die Proxemik ermöglicht, d.h. mit weit entfernten Menschen in Verbindung zu treten und ein wechselseitiges Sichverwirklichen gestattet, verweist für Flusser weiterhin – und hier überführt er wiederum Bubers Ansatz in die Telematik – auf die Möglichkeit, den Bereich der Gegenwart zu vergrößern. Denn so wie sich für Buber Gegenwart nur in einer Ich-Du-Beziehung konstituiert und außerhalb dieser die Vergangenheit waltet, überträgt Flusser diese Perspektive auf telematische Beziehungen. Denn in diesen „entsteht ein dialogisches Verhältnis zwischen einst Entfernten und jetzt Nähergebrachten. D.h. die Gegenwart wird vergrößert, alles ist gegenwärtig, und ich bin überall gegenwärtig.“[197] Und so wie Buber in diesem Zusammenhang von der dialogisch-anthropologischen Bestimmung des Menschen ausgeht, fußt Flussers telematische Gesellschaft auf einer Anthropologie, „wonach der Mensch nicht ein Etwas ist, sondern Wie-sich-Relationen-verketten und wie sich durch diese Verkettung die Möglichkeiten des Relationsfeldes immer mehr realisieren."[198]

Dergestalt lässt sich Flussers telematische Gesellschaft als Versuch verstehen, eine telematisch, durch zwischenmenschliche Vernetzung aufgebaute Gesellschaft zu entwerfen, die sich aus einer anderen Richtung kommend, implizit und explizit auf Martin Buber beruft bzw. sich zumindest teilweise an seine Konzeption anlehnt. Auch wenn auf den ersten Blick ein Antagonismus zu erblicken ist, da Buber besonderen Wert auf die Vis-a-vis-Kommunikation legt. Zu seiner telematischen Gesellschaft bemerkt Flusser im impliziten Rückgriff auf Bubers zentrale Begriffe:

„Wir verfügen über die technischen Mittel, so eine Gesellschaft in die Wege zu leiten. Etwa über immaterielle reversible Kabel, über Apparate, welche weit auseinander stehende Menschen einander näherbringen, über Dinge wie Fernsehen, Computerterminale und raffinierte weltweite Kommunikationsmaschinen wie künstliche Satelliten. All diese Techniken laufen darauf hinaus, jeden für jeden anderen zu öffnen. Wir können, von der Technik aus bereits jetzt einer dem anderen Rede und Antwort stehen, wir können bereits jetzt jeder für jeden Verantwortung übernehmen, [...] einer dem anderen Sinn geben und von ihm Sinn empfangen. Die Informationsgesellschaft im zweiten Sinn, die Gesellschaft der gegenseitigen Anerkennung [...] ist bereits jetzt im Bereich des technisch Machbaren, bleibt aber dennoch phantomatisch. Der Grund dafür ist einfach; wir sind trotz aller Erkenntnis nicht bereit, aus dem ideologischen Ich-Kern auszubrechen, und uns in

Selbstvergessenheit den anderen zu öffnen. Ohne solch eine Bereitschaft bleiben alle technischen Hilfsmittel nur Gadgets."[199]

Die Verkapselung im Selbst widerspricht in Bubers Sicht der dialogisch-anthropologischen Bestimmung des Menschen und kommt bei Flusser in gleich folgender Weise dem Tod gleich. Auch der scheinbare Widerspruch zwischen Buber, für den die unabhängige Zweiheitspräsenz unabdingbare Voraussetzung für den Dialog ist,[200] und Flusser, der einen Ich-Kern verneint, lässt sich auflösen. Denn das Individuum, verstanden als Verdichtung aus einer Vielzahl zwischenmenschlicher Kommunikationen und Knoten in einem Netz, verneint nicht die Einmaligkeit des einzelnen Menschen. Ganz im Gegenteil nimmt jeder Mensch in diesem relationalen Netz einen eigenen Raumpunkt ein, der ihn in seiner Besonderheit bestimmt und bestimmbar macht und von Anderen unterscheidet. Denn niemals können zwei Knoten gleichzeitig denselben Raumpunkt einnehmen, niemals können exakt die gleichen Kommunikationsströme durch ein und denselben Knoten im Netzwerk gehen. Und jeder Kommunikationsstrom wird durch das Hindurchlaufen durch einen Netzwerkknoten (Menschen) prozessiert und dadurch etwas verändert. Alte Informationen werden gespeichert und durch das Prozessieren werden neue Informationen erzeugt. So wie es nach Henri Bergson nicht zwei gleiche Bewussteinsströme geben kann, kann es in diesem Bild keine zwei gleichen Knoten (Identitäten) in diesem intersubjektiven Netzwerk geben. Das Ich selbst besteht aus unzähligen diskursiven und dialogischen Kommunikationsfäden, die den Anderen und die am Netzwerk Beteiligten in sich tragen.

Flussers Konzeption des Ich, des Dialogs und der Gemeinschaft lässt sich daran anschließend in mancher Hinsicht als ein anderes Bild verstehen, welches in der Dialogphilosophie vorgedacht ist und in dem Vernetzungsbild Flussers einen neuen Ausdruck findet. Flusser folgt mit seinem zentralen Thema allgemein dem jüdischen Denken und baut auf Bubers Ich-Du- und Ich-Es-Relation eigene Vorstellungen auf bzw. webt daraus etwas Neues – ganz im Sinne der telematischen Gesellschaft und der dialogischen Kommunikation:

„Wir sind in Bindungen eingebettet. In dem Moment, in dem wir auf die Welt kommen, fallen wir in Bindungen. [...] Also eine Sache ist sicher: Wir müssen davon ausgehen, daß wir nicht etwas sind, sondern ein Wie-sich-in-Bindungen-verknoten. Um das anders zu sagen: Das ›ich‹ [sic] ist jenes Wort, wozu ›Du‹ gesagt wird. Das ist ein Relationsbegriff: ›ich‹ ist das ›du‹ des Gegenübers.“[201]

An anderer Stelle verknüpft Flusser das Herausbilden des Ich mit der Konkretheit und dem Schöpferischen der dialogischen Situation und bindet es ein in ein gemeinschaftliches Sein; zugleich grenzt er dieses Personalpronomen vom Es ab:

„Wenn ich davon ausgehe, dass es hier eine Konstellation von Möglichkeiten gibt, dass sich diese Möglichkeiten zufällig verketten und durch diese Verkettung immer notwendiger werden, dann entsteht einerseits das, was wir früher ›das Konkrete‹ genannt haben, und andererseits das, was wir früher ›Ich‹ genannt haben. Das Konkrete ist konkret für das sich herausbildende Ich, und das Ich ist ein Ich für das sich herausgestellt habende Konkrete. [...] Dieses Ich kann nie allein da sein, es ist immer ein Du, woraus ein seltsames Wir entsteht, [...] die vierte Person Einzahl. Dieses Wir ist das Gegenteil des Es.“[202]

Durch die schöpferischen Kraft von Informationen, die durch die Manipulierbarkeit der elektronischen Bilder ermöglicht wird, sieht Flusser nicht nur eine Gefahr, sondern vor allem die Aussicht für die Menschen, eine neue kulturelle Stufe zu betreten. Es ist die telematische Gesellschaft, in der sich der Mensch frei entfalten kann. Diese kann sich dann entwickeln, sobald die Gesellschaft die heutigen Informationstechniken nicht mehr zu Kontroll- und Herrschaftszwecken anwendet, sondern das in ihnen enthaltene emanzipatorische Potential erkennt und verwirklicht.[203]

Die telematische Gesellschaft ist durch ihre projektive Existenz ausgezeichnet, welche die subjektive Existenz ablöst. Das *Sub-jekt* ist dem Begriff nach das Unterworfene, und das wird durch das *Pro-jekt*, dem Entwerfer abgelöst. Die sich selbst entwerfende Existenz des Mensch geht in einer umfassenden Vernetzung auf. Dort ist er zugleich Sender und Empfänger. Dieses Netz verbindet dabei nicht nur Menschen untereinander, sondern auch kybernetische Apparate sind darin eingelassen. Der Mensch verwirklicht sich dort durch die Neukombination alter Informationen, die zu neuen, immer unwahrscheinlicheren Situationen führen. Der Mensch wirkt so der Entropie des Universums entgegen.

„Diese Informationserzeugung hat den Charakter eines Spiels, das allerdings nicht auf Zufall beruht, sondern auf der absichtsvollen Realisierung der vorhandenen Möglichkeiten. Diese Absicht setzt den Menschen in den Gegensatz zur Natur, in der die Evolution nur zufällig neue Entwicklungen hervorbringt, und ist daher das wesentliche Kennzeichen seiner Freiheit.“[204]

Spieler

Kehren wir an dieser Stelle zurück zu den Möglichkeitsspielräumen, die sich in einer telematischen Gesellschaft auftun. Flusser sieht den Menschen in einer telematischen Gesellschaft, wie bereits dargestellt, als Künstler und Schöpfer. Hinzu tritt bei Flusser aber auch das Bild eines Spielers. Wenn Flusser von Schöpfung innerhalb der neuen Gesellschaft spricht, gilt es zu unterscheiden: denn während der Glaube an einen göttlichen Schöpfer die Schöpfung aus dem Nichts, eine „creatio ex nihilo" hervorgebracht hat – und damit den schöpferischen Menschen, den Künstler zu einem vergötternden Wesen emporhob –, ist der Mensch der telematischen Gesellschaft in diesem Sinne gerade kein Schöpfer. Denn er kreiert nicht etwas aus dem Nichts, sondern synthetisiert aus vorhandenen Informationen etwas Neues. Dergestalt kann man zwar das Neue als „Schöpfung" oder künstlerisch Erzeugtes bezeichnen. Aber es ist keine Schöpfung aus dem Nichts, sondern ein neuer Entwurf bzw. eine Verwirklichung aus einer, zwar unüberschaubaren, aber endlichen Anzahl von Möglichkeiten. Um aber den Unterschied deutlich zu machen, nutzt Flusser das Bild des Spielers und des Spiels und macht damit zugleich, die Differenz von Natur und Kultur sichtbar. „Nicht eine Gesellschaft von Göttern, sondern eine von Spielern ist nämlich zu besprechen."[205] Das Zusammenspiel der Begriffe „Spieler" und „Künstler" wirkt auf den ersten Blick fremd, weist aber auf den Einfluss Friedrich Schillers hin und der abendländischen Vorstellung des Spielbegriffs. Tatsächlich steht Flusser mit der Nutzung des Spielbegriffes in einer langen Tradition der Moderne.[206]

Zu allen Zeiten haben die Menschen gespielt. Aber erst ab dem 18. Jahrhundert wird das Spiel und das Spielen verstärkt philosophisch aufgeladen (auch wenn bereits Platon über das Spiel sprach). Es wird zusehends zu einem Entwicklungsmodell kindlichen Weltbegreifens, später zu einem Handlungsbegriff, dann z.B. bei Flusser zum Schaubild für gesellschaftlich wünschenswerte Zustände oder sogar in Form des Homo ludens zum Wesensmerkmal des Menschen in einer neu zu denkenden Gesellschaft. Denn das Spiel scheint auch eine besondere Art der Weltzuwendung und damit eine bestimmte Folie für das Leben zu sein. Das Spiel steht einmal in Opposition zum Begriff der Arbeit. Im Spiel dominiert im Gegensatz zur Arbeit eine gewisse Zwecklosigkeit, was soviel wie eine verbindliche Zielforderung meint. Das Spielen oder das Spiel stehen bei der Nutzung ihres assoziatorischen auch für einen schöpferischen Gestaltungs- und Lernprozess, den der Mensch für sich fruchtbar machen kann. Denn im Spiel kann unbeschwert ausprobiert, kombiniert und gestaltet werden, ohne ernste Folgen zu befürchten. Und Friedrich Schiller hebt in „Über die ästhetische Erziehung des Menschen“ besonders die Wichtigkeit des Spielens für den Mensch in einer sich zunehmend mechanisierenden Lebenswelt hervor. Denn gerade im Spiel kann der Mensch sich ganzheitlich entwickeln und so der drohenden Einseitigkeit – durch die voranschreitende Spezialisierung innerhalb der Gesellschaft im Allgemeinen und der Arbeit im Besonderen – seines Wesens entkommen. Die zunehmende Differenzierung in der modernen Gesellschaft, die sich besonders durch die zunehmende Arbeitsteilung ausdrückt, fordert den Menschen nicht mehr mit und in seinem ganzen Wesen, sondern lässt ihn in einer Einseitigkeit zurück. Das ganze im Menschen befindliche Potential kann sich in der modernen Gesellschaft nicht mehr entfalten, so dass der Mensch sich nicht seinen Anlagen entsprechend entwickeln kann. Daran anschließend dient das Spiel Schiller zur Verwirklichung des ganzen menschlichen Wesens; es hat bei ihm eine wesensbildende Bedeutung. Denn durch das Spiel kann der Mensch seine ausschließliche Funktionsträgerschaft und die damit einhergehende Einseitigkeit überwinden. Gerade eine einseitige Verstandesorientierung innerhalb der Aufklärung hat einen solchen Prozess angestoßen. Denn die Aufklärung hat das Hand-in-Hand-gehen von Herz und Verstand außer Acht gelassen und nur die rationale, nicht aber die empfindungsbezogene Verfassung in den Blick genommen. Hier dient Schiller das Feld der Kunst als jener Ort, an dem sich ein authentischer, ganzer Mensch ausbilden kann. Schillers Gedanken hierzu münden schließlich in der vielzitierten Ausgabe:

"Denn, um es endlich auf einmal herauszusagen, der Mensch spielt nur, wo er in voller Bedeutung des Worts Mensch ist, und er ist nur da ganz Mensch, wo er spielt."[207]

Flusser sieht nun in der natürlichen Welt, die wir vorfinden, nicht die eine, ausschließlich mögliche Welt, eine wunderbare Schöpfung, sondern sie hat sich für ihn aus einer begrenzten Anzahl von Möglichkeiten zufällig entwickelt. Die Natur „würfelt“ und bringt so zufällig das natürlich Vorzufindende hervor. Das ist übrigens genau das gegenteilige Bild, das Albert Einstein vertrat; und er drückte sein Unbehagen über die Konsequenzen der Quantentheorie mit dem oft zitierten Ausspruch aus: „Gott würfelt nicht.“ Dass Flusser immer wieder auf physikalische und auf quantenmechanische Erkenntnisse anspielt und rekurriert, zeigt sich hier (und an anderen Stellen) deutlich. Der Experimentalphysiker Anton Zeilinger betont in einem Interview: „Es stellt sich letztlich heraus, dass Information ein wesentlicher Grundbaustein der Welt ist. Wir müssen uns wohl von dem naiven Realismus, nach dem die Welt an sich existiert, ohne unser Zutun und unabhängig von unserer Beobachtung, irgendwann verabschieden."[208] Diese so genannte Kopenhagener Deutung der Quantenmechanik geht auf Werner Heisenberg und Niels Bohr zurück. Wesentlicher Aspekt dieser Interpretation ist die Bestimmung des Beobachters. Dieser bestimmt nämlich durch seine Messung das Ergebnis mit. Dergestalt lässt sich die Natur an sich nicht ohne Beobachter beschreiben. „Die Welt ist Möglichkeit und der Zufall ist von grundlegender Bedeutung."[209] Und Flusser würde dem sicherlich zustimmen. Zurück zu Flusser: Alle sich aufgebauten und aufbauenden Strukturen (Informationen) zerfallen schließlich (desinformieren) und lösen sich in ihre Elemente auf. Das ist die allgemeine Tendenz der Welt, das Zuströmen zur Entropie, nach dem zweiten Hauptsatz der Thermodynamik.

„Und dieser Informationszerfall ist grundlegender als die Informationserzeugung, weil nämlich Informationen durch unwahrscheinliche und Informationszerfall durch wahrscheinliche Zufälle entstehen. Wir stehen, nach der Entmythisierung der Informationserzeugung, vor einer neuen Struktur des Universums. Nicht mehr vor einer Schöpfung, welche aus einem ursprünglichen Nichts emportaucht, um sich dann, Schritt für Schritt, linear (in ‚sechs Tagen') einem beabsichtigten Ziel zu nähern, sondern vor einem sturen Würfelspiel, in welchem sich alle möglichen, auch die unwahrscheinlichsten Zufälle auf lange Sicht verwirklichen müssen, aber wo all diese Würfe letzten Endes in eine wahrscheinliche, desinformierte Situation, in den ‚Wärmetod' münden müssen."[210]

In der telematischen Gesellschaft wird der Mensch zu einem Spieler mit bereits vorhandenen Informationen. Dieses

Spiel hat die Absicht, neue Informationen herzustellen. Der Mensch wird zu einem Homo ludens, der darauf abzielt, möglichst viele neue Informationen zu synthetisieren, um diese dann weiterzuleiten, damit diese wiederum von weiteren Mitspielern aufgenommen und verändert werden können. Jenes „Würfelspiel" unterscheidet sich wesentlich in einem Aspekt von dem Würfelspiel der Natur. Es erfolgt mit Absicht nach der Methode des Dialogs, während die Natur zufällig würfelt. Und Dialoge sind für Flusser gelenkte Würfelspiele.[211] Und das ist für Flusser ein zentraler Aspekt, der sich in der neuen Gesellschaft umsetzen muss. „Das wichtige bei einer derartigen dialogischen Umschaltung der Gesellschaft, bei diesem ‚dialogischen Leben' (Buber), ist der Spielcharakter."[212]

Ziel dieses Spiels ist es nach Flusser, wie gesagt, an möglichst vielen Kommunikationen beteiligt zu sein und neue Informationen zu generieren. Denn wir sind von Beginn an in eine sinnlose Welt geworfen und haben die Kommunikation erfunden, um dieser existentiellen Einsamkeit und der Angst vor dem Tod zu entkommen. Wir transzendieren uns durch die Kommunikationen, an denen wir teilnehmen und die wir mitgestalten. Das ist die Aussicht, die Flusser in einer zukünftigen telematischen Gesellschaft und dem darin befindlichen neuen Menschen aufwirft: Die Dinge lösen sich zunehmend auf und werden zu Undingen, sie wandern ins elektromagnetische Feld der Informationen, die von Apparaten bzw. Computern gespeichert und von dort abgerufen, kombiniert und versandt werden können. Und der neue Mensch spielt mit diesen elektronischen Apparaten und berauscht sich an ihnen. Seine Hände wird der neue Mensch nicht oder kaum noch benutzen müssen, denn er muss nicht mehr mit Materie und Gegenständen umgehen und diese formen, sondern mit Informationen, die zu neuen Informationen synthetisiert werden. Informationen werden zu Spiel- und Springbällen, die hin und her tanzen und springen und ihre undingliche Form verändern mit jedem neuen Impuls (Dialog) eines anderen Menschen. Daher wird der Mensch nicht mehr seine Hände in Gänze, sondern nur noch seine Finger benutzen, "um mit Symbolen zu spielen und um audiovisuelle Informationen aus Apparaten abzurufen. Der fingernde handlose Mensch der Zukunft wird nicht handeln, sondern tasten."[213] Und so kommt Flusser zu dem Schluss:

"Nicht Arbeiter, Homo faber, sondern Spieler mit Formen, Homo ludens, ist der Mensch der undinglichen Zukunft."[214]

Und dieses Spiel mit Formen wird die eigentliche Tätigkeit sein. Aus ihr erwachsen neue in Wirklichkeit geronnene Möglichkeitsspielräume, die von den Menschen wiederum neu entdeckt und erfahren werden können. Ein Beispiel hierfür sind die virtuellen Welten, die man bereits heute bereisen und in denen man sich aufhalten und bewegen kann. Und die telematische Gesellschaft bietet hierfür den Rahmen.

8. Ausblick

Beschaut man die hier zusammengetragenen Aspekte des Flusserschen Denkens genauer, lässt sich ein wiederkehrendes Motiv enthüllen, egal, ob es sich um Flussers Ausführungen zum Design, der Architektur, dem Städtebau, der Fotografie oder allgemein der Kommunikation handelt. Alles muss für Flusser so gestaltet sein, dass es dem Dialog den Weg ebnet und ihn befördert, die Kommunikation anregt. Denn die Kommunikation ist es, die den Menschen transzendiert und ihm die existenzielle Angst vor dem Tode nimmt. Der Mensch muss kommunizieren, um das In-die-Welt-geworfen-sein mit Sinn auffüllen zu können. Sinn und Welterschließung vollziehen sich über Kommunikation, die in Codes ver- und entschlüsselt wird. Und dieser Code hat mit dem Aufkommen der Technobilder eine neue Qualität erreicht. Sie besitzen, mehr noch als das traditionelle Bild und der Text, das Potential zur Freiheit, aber auch zum Totalitarismus. Sie tragen wahrscheinliche und unwahrscheinliche Möglichkeiten in sich. Die Technobilder sind ein Code, der punkthaft auf einer Fläche ausgebreitet ist und sich aus dem Punktuniversum, aus (Un-) Wahrscheinlichkeiten und Möglichkeiten sprunghaft entwirft und damit mit dem herkömmlichen Code, dem Text, nicht mehr viel gemeinsam hat. Aber diese Sprunghaftigkeit und *Oberflächlichkeit* beinhalten gerade die Freiheit, neue Informationen zu generieren und emportauchen zu lassen und so der Entropie des Universums entgegenzuwirken. Das Wirken innerhalb einer telematischen Gesellschaft ist genau dieses: Ein Wirken gegen die Tendenz des Universums zur Entropie; es ist ein Engagement gegen den Tod.

Wie kann man Flussers gegenwärtige Stellung im wissenschaftlichen und künstlerischen Diskurs beschreiben? Wie bereits zu Beginn erwähnt, gilt er mit seinen kommunikations- und medientheoretischen Überlegungen zu den derzeit aktuellen Impulsgebern und kann zugleich (auch bei vorsichtigem Umgang mit diesem Begriff) als ein Klassiker in diesem Bereich bezeichnet werden. Es zeigt sich allerdings eine gewisse Paradoxie in der Hinwendung zu seinem Werk. In nahezu jedem neuen medientheoretischen Werk findet man ein Kapitel oder Hinweise über oder Bezüge auf ihn. Dezidierte Monographien, die sich mit einzelnen Aspekten oder Teilen seines Denkens analytisch auseinander setzen, sind im Gegensatz dazu immer noch äußerst selten. Gleiches gilt für die Vermittlung an Universitäten und Hochschulen, wo Flusser im Rahmen von übergeordneten Themen – z.B. der Medien- und Kommunikationstheorie, Fotografie oder Grundfragen des Designs – thematisiert wird, aber eine ausschließliche Hinwendung zu seinem Werk kaum stattfindet. Ein Grund hierfür mag auch der Umstand sein, dass Flusser (bewusst) kein systematisches Werk oder eine ausgebaute Theorie hinterlassen, sondern sehr themenspezifisch gearbeitet hat. Dennoch kann man davon ausgehen, das die Auseinandersetzung mit Flussers Werk in Zukunft aufgrund der Aktualität und Innovativität seiner Gedanken immer größer werden wird.

Eine beachtenswerte Ausnahme in dem oben beschriebenen Zusammenhang bilden die *Flusser Studies*, ein internationales E-Journal, welches zweimal jährlich erscheint und das sich der akademischen Forschung zu Flusser widmet. Neben der Veröffentlichung von Artikeln über Flussers Arbeit, zielt die Zeitschrift auf die Förderung unterschiedlicher Aspekte und interdisziplinärer Ansätze zu Flussers Gedanken. Gerade der Mehrsprachigkeit Flussers ist es geschuldet, dass die Zeitschrift Beiträge in Deutsch, Englisch, Französisch, Portugiesisch oder Tschechisch veröffentlichen.[215] Er schrieb, sprach, übersetzte und rückübersetzte in verschiedenen Sprachen.

Seit Beginn des Jahres 2007 befindet sich das Flusser-Archiv, das den Nachlass von Transkripten, Korrespondenz, Ton-, Bild- und Videomaterial beinhaltet, an der Universität der Künste Berlin. Das Archiv wurde 1992 von Edith Flusser in Den Haag eröffnet und siedelte nach München über. Von 1998-2006 war es dann an der Kunsthochschule für Medien Köln unter Leitung von Siegfried Zielinski angesiedelt und wird nun unter gleicher Leitung in Berlin fortgeführt. Das Archiv stellt Flussers vielsprachiges und heterogenes Werk Forschenden und Interessierten zur Verfügung und sammelt zugleich veröffentlichte Sekundärliteratur zu Flusser. Mit dem Nachlass Flussers siedelte zugleich auch das von der Deutschen Forschungsgemeinschaft (DFG) geförderte Editionsprojekt nach Berlin, das sich um die Veröffentlichung bisher unveröffentlichter Schriften bemüht. Hierzu wurden beispielsweise die Online-Edition der Bochumer Vorlesungen Flussers, eine Buchpublikation dieser Vorlesungen und die Veranstaltungs- und Publikationsreihe der International Flusser-Lectures erarbeitet bzw. durchgeführt.

Werfen wir zum Abschluss nochmals einen Blick auf die Besonderheiten des Denken Flussers und den darin enthaltenden Möglichkeiten. Flussers Unterscheidung von diskursiven und dialogischen Medien und den damit verbundenen Ausgestaltungen von Gesellschaft – je dialogischer desto freiheitlicher und je diskursiver desto totalitärer – weist auf den Möglichkeitsspielraum der neuen technischen Medien. Ein aktuelles Beispiel für den hohen Partizipationsgehalt, der z.B. durch die weltweite Vernetzung möglich geworden ist, findet sich im Open Source Gedanken und seiner Ausgestaltung. Zwar findet sich in der Open-Source-Gemeinde keine Bezugssetzung zu Flusser. Aber man kann in dem Open-Source-Gedanken eine (ungewollte) empirische Ausprägung einiger Aspekte des Flusserschen Denkens wiederentdecken. Oder anders ausgedrückt: Eine in Flussers Entwurf angelegte Möglichkeit, die sich verwirklicht hat.

Der Begriff Open-Source stammt aus dem Umkreis der Computersoftware-Entwicklung und drückt die Möglichkeit aus, Einblick und Veränderungen an dem Quellcode vorzunehmen und das Programm bzw. die Software beliebig zu verändern, weiterzugeben oder zu kopieren. Der Quellcode ist die Form des Programms, wie es die Programmierer in einer Computersprache geschrieben haben. Dieser Quellcode wird anschließend in Maschinensprache kompiliert, d.h. übersetzt. Die Übersetzung ist dann in der Regel verschlossen, sie kann nicht mehr verändert werden. Bearbeitung, Verbesserung oder Analyse lassen sich nur am Quellcode vornehmen. Die Besonderheit des Open-Source-Gedankens liegt nun in der Art und Weise der Entstehung und Verbesserung der Software. Jedermann ist aufgerufen, an ihr mitzuarbeiten und sie anzupassen und zu verbessern. In der Praxis bilden sich lose und zufällige Gemeinschaften von zumeist hochqualifizierten Programmierern, Designern und Übersetzern, die kostenlos und ungebunden von Zeit und Raum, da dezentral vernetzt über das Internet, je nach ihren Möglichkeiten an einem Projekt arbeiten. Das Ergebnis sind innovative und kostenfreie Programme als öffentliches Gut, die echte Alternativen zu kommerzieller Software darstellen. Beispiele hierfür sind das Open-Office-Paket, das Betriebssystem Linux oder der Internetbrowser Mozilla Firefox, die mittlerweile Anwendungen für Nicht-Fachleute darstellen. Aber auch die freie Enzyklopädie Wikipedia zählt dazu. Diese können erste Beispiele sein für

Flussers entworfene telematische Gesellschaft; Beispiele für den dialogischen Umgang mit Daten, die prozessiert und in eine neue Form gebracht werden, so dass neue Informationen entstehen. Zugleich weisen sie auf das schöpferische Potential, das in dieser Form der Gemeinschaft und der Kommunikation enthalten ist. Eine Besonderheit in diesem Feld bildet die Freie-Software-Gemeinde, die ebenfalls Open-Source-Software entwickelt, darüber aber aus politischen Zielen heraus eine besondere Lizenzierung erdacht hat: Es handelt sich um die „Copyleft" Lizenzierung (GPL General Public License), welche im Rahmen des GNU-Software-Projektes von Richard Stallman erdacht wurde. Während Lizenzen in der Regel dafür gemacht sind, Freiheiten wegzunehmen, einzuschränken oder zu teilen, verfolgt diese Lizenzform die Absicht, Freiheit zu sichern, d.h. Software frei verteil- und veränderbar zu machen. Alles ist erlaubt, solange die Freiheit der Software, ihre Produktion und der Vertrieb nicht eingeschränkt wird. Zugleich ist sie hochgradig virulent, da alle veränderten Kopien oder abgeleiteten Programme aus dem ursprünglichen Quellcode selbst wiederum unter die GPL fallen, und so auch diese Informationen (in diesem Falle Software) frei zirkulieren können. Ziel dieser Klausel ist die Verhinderung einer Privatisierung von gemeinschaftlich erzeugtem Wissen und den Bestand von freier Software sukzessiv zu erweitern. Die darauf aufbauende oder abgeleitete Software wird sozusagen zur Freiheit „geimpft".[216]

Flusser selbst hat an einigen Stellen auf den Aspekt der Kopie, des Autors und der gemeinschaftlichen Schöpfung im Rahmen der zukünftigen Entwicklung einer möglichen telematischen Gesellschaft hingewiesen. Innerhalb des schöpferischen Prozesses der Informationserzeugung in der telematischen Gesellschaft produziert nicht mehr der Einzelne, sondern dialogische Gruppen die Informationen. Die Frage, die Flusser an dieser Stelle berührt, ist auch eine innerhalb der Open-Source-Gemeinde: Wie kann es „in so einer Lage, ohne Autor und Werk, eine schöpferische Begeisterung geben? Kann es dort jene Selbstvergessenheit und jenes Aufgehen im Werk geben, die die Freiheit bezeugen?“[217] Es geht in diesem Zusammenhang auch um die Kopierbarkeit aller Informationen. Denn Kopieren (lat. „copia“, Überfluss und kopieren) bedeutet soviel wie „überflüssig machen“. Und es wird nicht nur das Nachmachen überflüssig, da dies mittlerweile von Apparaten übernommen wird, sondern: „Kopieren macht alle Autorität und alle Autoren überflüssig und stellt daher die schöpferische Begeisterung in Frage.“[218] Daher gerät die Autorenschaft und die Autorität in eine Krise, sie wird zu einer existentiellen Frage. In der Kopierbarkeit der technischen Bilder ist diese Antiautorität angelegt, sie löst die alten Strukturen auf. Gibt es nicht mehr einen Autor, so kann es auch keine diesbezügliche, alleinige Autorität mehr geben, Macht und Wissen können nicht mehr nur an eine Person oder eine Autorität gebunden werden. Das Open-Source-Modell verspricht nun in besonderem Maße eine partizipative und basisdemokratische Form der Wissens- und Informationsproduktion. In dieser Sicht tritt beim Open-Source-Modell verstärkt ein weiteres wichtiges Charakteristikum von Wissen, neben der Kommunikation, hinzu, nämlich die Kooperation bzw. das gemeinschaftliche Handeln. Das wiederum ist wesentlich durch den offenen Zugang zum Wissen gefördert. Wissen wird in sozialen Prozessen konstituiert, und es unterliegt einem gewissen Entwicklungsprozess.[219] Das wiederum leitet über zu einer weiteren Verknüpfung von Wissensgesellschaft, telematischer Gesellschaft und Open-Souce-Gedanken. Interessant erscheint nämlich, dass das Internet allgemein und das

Open-Source-Modell im Besonderen zu einem neuen Anschub für eine Vergemeinschaftung führen kann. Alle Gesellschaften fußen auf subjektivem und objektivem Wissen der Menschen; aus diesem Grund sind alle Gesellschaften letztlich Wissensgesellschaften. Denn gemeinschaftliches Wissen wird hier genutzt, um etwas hervorzubringen. In Anlehnung an Martin Buber kann man von der Verwirklichung des menschimmanenten „Urhebertriebs" sprechen. Dabei handelt es sich bei Open-Source-Projekten nicht nur um Softwareentwicklung, sondern wie beispielsweise bei Wikipedia um eine Enzyklopädie oder im Fall des OScar (Open Source Car, vgl. http://www.theoscarproject.org) um ein Auto, welches komplett im Open-Source-Gedanken entwickelt werden soll, was bedeutet: Freier Zugang, freie Zeiteinteilung, freie Arbeit und freie Verfügbarkeit. Das Internet als Mediensystem ist ein wesentlicher Teil unserer Wissensinfrastruktur, das Wissen darstellt und verfügbar macht. Gesellschaftlich kommt dieser Infrastruktur zudem die Funktion zu, neues Wissen zu integrieren und zu generieren. Dieses Wissen allerdings wird nur entsprechend der technischen Ausgestaltung der Infrastruktur darstell- und vermittelbar. In einem wissenssoziologischen Zusammenhang hängt von diesem technischen Inventar in nicht unerheblichem Maße ab, was eine Gesellschaft wissen kann und was innerhalb einer Gesellschaft zur Diskussion gelangt. Das Medium Internet neigt dergestalt zu einer technischen Strukturierung des Wissens beispielsweise durch Suchmaschinen oder andere Datenbanken. Obgleich zwar eine Open-Source-Gemeinschaft wesentlich durch das Internet in Verbindung tritt, und damit die technische Strukturierung durch das Medium kontinuierlich gegeben ist, kann das fortwährende „menschliche" Einwirken auf diese technische Strukturierung jene zumindest auf einer zweiten Ebene durch die menschliche Organisation des Wissens zurückweisen und abmildern. Dass Wissen sozial hervorgebracht und strukturiert ist, kann vor dem Hintergrund der technischen Strukturierung und automatisierten Konstruktion von Wissen verblassen; möglicherweise verändert sich der Aufbau, die Struktur, die Anordnung, kurz: die Topologie des Wissens. Es geht in diesem Zusammenhang also um die Frage nach der Rolle von Medien als eine Bedingung für die Möglichkeit von Wissen. Eine enge Verknüpfung des Begriffs von Wissen an das Konzept der Medien ist nicht darstellbar, ohne dann zumindest über einen technologischen Determinismus nachzudenken. Dieser Widerspruch löst sich in dem Moment auf, wenn entscheidendes Gewicht auf Fragen der soziokulturellen Organisation des Wissens gelegt wird,[220] die in dem Open-Source-Gedanken eine neue Ausformulierung findet. In diesem Sinne überwiegt dann die dialogische Beziehung der Menschen untereinander und das dialogisch – in diesem Sinne besonders – gemeinschaftlich hervorgebrachte Wissen, auch wenn dies zu großen Teilen auf telematischem Wege erreicht wird. Die Proxemik, das Nahebringen und Verbinden der entfernten Anderen, ist für Flusser gleichwohl eine konkrete Möglichkeit, mit Menschen in einen echten Dialog zu treten und echte Beziehungen zu ihnen aufzubauen. Aus diesen Beziehungen wiederum können Gemeinschaften entstehen, wie wir es heute schon anhand verschiedener Internet-Gemeinschaften beobachten können. Der Mensch muss kommunizieren und er will sich transzendieren, will sich selbst ablegen in die Köpfe der Anderen und wird zugleich Ort und Bewahrer derselben. Flussers telematische Gesellschaft steht solcherart diesseits der Utopie und liegt im unmittelbaren Möglichkeitsspielraum der Gegenwart.

Anmerkungsverzeichnis

[1] Flusser, Vilém (1999): Bodenlos. S. 229; Die Endnoten werden im weiteren Verlauf im Langtext ausgewiesen, um die Suche aufgrund der Vielzahl der Endnoten zu vereinfachen.

[2] Bollmann, Stefan: Vorwort des Herausgebers. In: Flusser Vilém (2002): Medienkultur. S. 9.

[3] Flusser, Vilém (1993): Nachgeschichte. S. 9.

[4] Flusser, Vilém (2002): Medienkultur. S. 63.

[5] Vgl. z.B. Mersch, Dieter (2006): Medientheorien zur Einführung, Lagaay, Alice, Lauer, David (Hrsg., 2004): Medientheorien, Weber Stefan (Hrsg., 2003): Theorien der Medien.

[6] Flusser, Vilém (2003): Kommunikologie. S. 74.

[7] Flusser, Vilém (1993): Lob der Oberflächlichkeit. S. 284.

[8] Vgl. Flusser, Vilém (1999): Bodenlos. S. 247 und 79.

[9] Flusser, Vilém (1999): Bodenlos. S. 15-16.

[10] Koeltzsch, Ines (2007): Gustav Flusser. S. 9.

[11] Vgl. Koeltzsch, Ines (2007): Gustav Flusser. S.12-13.

[12] Flusser, Vilém (1999): Bodenlos. S. 26.

[13] Flusser, Vilém (2007): Von der Freiheit des Migranten. S. 19.

[14] Flusser, Vilém (1969): Auf der Suche nach Bedeutung. S. 3, vgl. allgemein die Autobiographie Flussers (1999a): Bodenlos.

[15] Flusser, Vilém (1999): Bodenlos. S. 41.

[16] Hanke, Michael (2006): Vilém Flussers *Sprache und Wirklichkeit* von 1963 im Kontext seiner Medienphilosophie. S. 3.

[17] Hanke, Michael (2006): Vilém Flussers *Sprache und Wirklichkeit* von 1963 im Kontext seiner Medienphilosophie. S. 6.

[18] Vgl. Vargas, Milton: Vilém Flusser in Brasilien - Nachwort. In: Flusser, Vilém (1999): Bodenlos. S. 286.

[19] Vgl. das Flusser Archiv unter http://www.flusser-archive.org

[20] Flusser, Vilém (1969): Auf der Suche nach Bedeutung. Seite 4, Zugriff am 30.08.2008.

[21] Kant, Immanuel (1977): Kritik der reinen Vernunft. Werke in zwölf Bänden. Band 3, S. 63.

[22] Vgl. Flusser, Vilém (1969): Auf der Suche nach Bedeutung. Seite 4 ff., Zugriff am 30.08.2008.

[23] Flusser, Vilém: Sprache, Technik, Kunst. Gespräch mit Joachim

Lenger unter http://www.hjlenger.de/flusser.htm
[24] Flusser, Vilém (1969): Auf der Suche nach Bedeutung. Seite 4, Zugriff am 30.08.2008.
[25] Krause, Gustavo Bernardo (2006): Brasilianische Philosophie? Philosophieren in situ. Unter http://paginas.terra.com.br/arte/dubitoergosum/ar12.htm
[26] Guldin, Rainer (2005): Philosophieren zwischen den Sprachen. S.45.
[27] Flusser, Vilém (1999): Bodenlos. S. 127.
[28] Flusser, Vilém (1999): Bodenlos. S. 127.
[29] Flusser, Vilém (1999): Bodenlos. S. 121-122.
[30] Vgl. Pichler, Alois, Hrachovec, Herbert (Hrsg.) (2008): Wittgenstein and the Philosophy of Information. S. 25.
[31] Grayling, A.C. (o.J.): Wittgenstein. S. 27.
[32] Vgl. López, Justo Fernández (o.J.): Sinn und Bedeutung bei Ludwig Wittgenstein. Unter http://culturitalia.uibk.ac.at/hispanoteca/lexikon%20der%20linguistik/si/SINN%20und%20BEDEUGUNG%20bei%20Ludwig%20Wittgenstein.htm
[33] Grayling, A.C. (o.J.): Wittgenstein. S. 51.
[34] Vgl. hierzu ausführlich Hubík, Stanislav (2007): Das technische Bild und der logische Bau: Flusser und Wittgenstein. In: Flusser Studies 05 - November 2007.
[35] Flusser, Vilém (1969): Auf der Suche nach Bedeutung. Seite 7, Zugriff am 20.09.2008.
[36] Vgl. z.B. Flusser, Vilém (2000) S. 204-210.
[37] Vgl. hierzu und im Folgenden Bidlo Oliver (2006): Martin Buber – Ein vergessener Klassiker der Kommunikationswissenschaft? Bidlo, Oliver (2007): Dialog und Kommunikation. In: Geier, Fabian, Spahn, Andreas, Spahn Christian (Hrsg.) (2007) S. 124-140 und Bidlo, Oliver (2009, in Vorbereitung): Telematik und Dialog. Vilém Flussers Rekurs auf Martin Buber. In: Fahle, Oliver, Hanke, Michael (Hrsg.) (2009, in Vorbereitung).
[38] Flusser, Vilém (1996): Zwiegespräche S. 203.
[39] Vgl. Flusser, Vilém (2003): Kommunikologie. S. 293 ff.
[40] Der *Andere* oder die *Anderen* wird in der vorliegenden Arbeit in einem philosophischen Kontext verstanden und daher im Einklang mit der neuen Rechtschreibung durchgängig groß geschrieben.
[41] Buber, Martin(1962): Werke. Band I: Schriften zur Philosophie. S. 404.

[42] Buber, Martin(1962): Werke. Band I: Schriften zur Philosophie. S. 447.
[43] Flusser, Vilém (1969): Auf der Suche nach Bedeutung. Seite 5, Zugriff am 30.08.2008.
[44] Vgl. Buber, Martin(1962): Werke. Band I: Schriften zur Philosophie; zu Flusser vgl. derselbe (1969): Auf der Suche nach Bedeutung. Und (2003): Kommunikologie.
[45] Flusser, Vilém (1969): Auf der Suche nach Bedeutung. Seite 6, Zugriff am 30.08.2008.
[46] Flusser, Vilém (1998): Vom Subjekt zum Projekt. S. 43.
[47] Flusser, Vilém (1999): Bodenlos. S. 247.
[48] Flusser, Vilém (1993): Vom Stand der Dinge. S. 88.
[49] Flusser spricht in diesem Zusammenhang durchgängig von Maske, man erfasst den Sinn sicherlich auch, wenn man sie als „Rolle" versteht. Vgl. Flusser, Vilém (1998): Vom Subjekt zum Projekt. S. 48.
[50] Flusser, Vilém (1998): Vom Subjekt zum Projekt. S. 48.
[51] Für Flusser sind Kultur und Zivilisation das Konkrete und das Individuum das Abstrakte. In gewisser Hinsicht ähnelt diese Sichtweise der von Georg Herbert Mead – ohne ganz darin aufzugehen. Auch dort geht das Allgemeine dem einzelnen Bewusstsein, dem Ich voraus. Pointiert kann man sagen: Das Ich ist nicht Voraussetzung für Kommunikation, sondern Ergebnis derselben.
[52] Flusser, Vilém (1999): Ins Universum der technischen Bilder. S. 23; vgl. auch Matussek, Peter (2000): Mediale Praktiken. S. 17-18.
[53] Flusser, Vilém (1998): Vom Subjekt zum Projekt. S. 53.
[54] Flusser, Vilém (1998): Vom Subjekt zum Projekt. S. 55.
[55] Flusser, Vilém (1998): Vom Subjekt zum Projekt. S. 57.
[56] Flusser, Vilém (1998): Vom Subjekt zum Projekt. S. 57.
[57] Flusser, Vilém (1998): Vom Subjekt zum Projekt. S. 59.
[58] Flusser, Vilém (1993): Die Revolution der Bilder. S. 76.
[59] Flusser, Vilém (1993): Die Revolution der Bilder. S. 76.
[60] Flusser, Vilém (1999): Bodenlos. S. 249.
[61] Flusser, Vilém (1999): Bodenlos. S. 252.
[62] Flusser, Vilém (1999): Bodenlos. S. 252.
[63] Flusser, Vilém (1999): Bodenlos. S. 260.
[64] Flusser, Vilém (1999): Bodenlos. S. 261.

[65] Flusser, Vilém (2007): Von der Freiheit des Migranten. S. 47.
[66] Flusser, Vilém (2007): Von der Freiheit des Migranten. S. 49.
[67] Keupp, Heiner (o.J.): Fragmente oder Einheit? Wie heute Identität geschaffen wird. S. 4.
[68] Flusser, Vilém (2007): Von der Freiheit des Migranten. S. 66.
[69] Flusser, Vilém (2007): Von der Freiheit des Migranten. S. 67.
[70] Flusser, Vilém (2007): Von der Freiheit des Migranten. S. 67.
[71] Flusser, Vilém (2007): Von der Freiheit des Migranten. S. 68.
[72] Flusser, Vilém (2007): Von der Freiheit des Migranten. S. 68.
[73] Vgl. hierzu auch Asendorf, Christoph (2007): „Knoten des zwischenmenschlichen Netztes." Über Architektur und Kommunikation. S. 4-5.
[74] Asendorf, Christoph (2007): „Knoten des zwischenmenschlichen Netzes." Über Architektur und Kommunikation. S. 6.
[75] Vgl. hierzu auch Flusser, Vilém (1993): Dinge und Undinge. S. 27.
[76] Asendorf, Christoph (2007): „Knoten des zwischenmenschlichen Netzes." Über Architektur und Kommunikation. S. 10.
[77] Rump, Mark C.: Denkbilder und Denkfotografien. In: Jäger, Gottfried (Hrsg.) (2001) S. 52.
[78] Jäger, Gottfried: Freiheit im Apparatenkontext. In: Flusser, Vilém (1993):Die Revolution der Bilder. S. 224.
[79] Jäger, Gottfried: Freiheit im Apparatenkontext. In: Flusser, Vilém (1993): Die Revolution der Bilder. S. 224.
[80] Vgl. Flusser, Vilém (1983): Für eine Philosophie der Fotografie.S. 9.
[81] Flusser, Vilém (1983): Für eine Philosophie der Fotografie. S. 10.
[82] Flusser, Vilém (1983): Für eine Philosophie der Fotografie. S. 10.
[83] Flusser, Vilém (1983): Für eine Philosophie der Fotografie. S. 10.
[84] Flusser, Vilém (1983): Für eine Philosophie der Fotografie. S. 11.
[85] Flusser, Vilém (1999): Ins Universum der technischen Bilder. S. 25.
[86] Flusser, Vilém (1999): Ins Universum der technischen Bilder. S. 54.
[87] Flusser, Vilém (1993): Nachgeschichte. S. 194.
[88] Albrecht, Jörg (1990): Vom Ende der bürgerlichen Kultur. In: Rapsch, Volker (Hrsg.) (1990): Über Flusser. S. 41; allgemein dazu auch Flusser, Vilém (2002): Die Schrift.
[89] Flusser, Vilém (1993): Nachgeschichte. S. 196.
[90] Flusser, Vilém (1983): Für eine Philosophie der Fotografie. S. 14.
[91] Flusser, Vilém (1983): Für eine Philosophie der Fotografie. S. 24.

[92] Flusser, Vilém (1986): Das Foto als nach-industrielles Objekt. In: Jäger, Gottfried (Hrsg.) (2001) S. 15.
[93] Flusser, Vilém (1986): Das Foto als nach-industrielles Objekt. In: Jäger, Gottfried (Hrsg.) (2001) S. 18.
[94] Die von jeder Digitalkamera mitgespeicherten EXIF-Daten („Exchangeable Image File"), die zum Beispiel Informationen zur Blende, der Uhrzeit und Datum, Verschlusszeit, der Brennweite und viele weitere Einstellungen der Kamera zum Bild speichert, können heute über verschiedene Software problemlos geändert werden. Mittlerweile gibt es Möglichkeiten mittels versteckter Wasserzeichen Zusatzdaten in digitalen Bildern zu platzieren. So wird das Bild zwar nicht vor dem Kopieren geschützt, allerdings kann es z.B. mit Informationen zum Autor oder zum Rechteinhaber versehen werden.
[95] Flusser, Vilém (1986): Das Foto als nach-industrielles Objekt. In: Jäger, Gottfried (Hrsg.) (2001) S. 23.
[96] Flusser, Vilém (1993): Gesten. Versuch einer Phänomenologie. S. 103.
[97] Flusser, Vilém (1993): Gesten. Versuch einer Phänomenologie. S. 96.
[98] Flusser, Vilém (1993): Dinge und Undinge. S. 53.
[99] Vgl. hierzu für die nachstehenden Anmerkungen Flusser, Vilém (1993): Vom Stand der Dinge. S. 9 ff.
[100] Flusser, Vilém (1993): Vom Stand der Dinge. S. 9.
[101] Flusser, Vilém (1993): Vom Stand der Dinge. S. 40.
[102] Flusser, Vilém (1993): Vom Stand der Dinge. S. 41.
[103] Flusser, Vilém (1993): Vom Stand der Dinge. S. 42.
[104] Flusser, Vilém (1993): Vom Stand der Dinge. S. 115.
[105] Vgl. Flusser, Vilém (2003): Kommunikologie. S. 12.
[106] Flusser, Vilém (2003): Kommunikologie. S. 210.
[107] Flusser, Vilém (1993): Lob der Oberflächlichkeit. S. 153.
[108] Flusser, Vilém (1993): Lob der Oberflächlichkeit. S. 153.
[109] Flusser, Vilém (1993): Lob der Oberflächlichkeit. S. 154.
[110] Flusser, Vilém (1993): Lob der Oberflächlichkeit. S. 154.
[111] Flusser, Vilém (2003): Kommunikologie. S. 266.
[112] Flusser, Vilém (1993): Lob der Oberflächlichkeit. S. 163-164.
[113] Flusser, Vilém (2003): Kommunikologie. S. 267.
[114] Flusser, Vilém (2003): Kommunikologie. S. 214.

[115] Flusser, Vilém (2003): Kommunikologie. S. 215.
[116] Flusser, Vilém (2003): Kommunikologie. S. 216.
[117] Flusser, Vilém (2003): Kommunikologie. S. 217.
[118] Flusser, Vilém (2003): Kommunikologie. S. 76.
[119] Hochscheid, Kai (2006): Vilém Flusser: Kommunikation und menschliche Existenz. In: Moebius, Stephan, Quadflieg, Dirk (Hrsg.) (2006) S. 464.
[120] Flusser, Vilém (2003): Kommunikologie. S. 10.
[121] Flusser, Vilém (2000): Die Informationsgesellschaft: Phantom oder Realität? In: Matejovski, Dirk (Hrsg.) (2000) S. 16.
[122] Vgl. Flusser, Vilém (2000): Die Informationsgesellschaft: Phantom oder Realität? In: Matejovski, Dirk (Hrsg.) (2000) S. 16-17.
[123] Flusser, Vilém (2003): Kommunikologie. S. 10.
[124] Vgl. Bidlo, Oliver (2006): Martin Buber – Ein vergessener Klassiker der Kommunikationswissenschaft? S. 227.
[125] Flusser, Vilém (2000): Die Informationsgesellschaft: Phantom oder Realität? In: Matejovski, Dirk (Hrsg.) (2000) S. 17.
[126] Flusser, Vilém (1998): Vom Subjekt zum Projekt. S. 71.
[127] Keupp, Heiner (o.J.): Fragmente oder Einheit? Wie heute Identität geschaffen wird. S. 4.
[128] Vgl. Keupp, Heiner (o.J.): Fragmente oder Einheit? Wie heute Identität geschaffen wird. S. 5.
[129] Flusser, Vilém (2000): Die Informationsgesellschaft: Phantom oder Realität? In: Matejovski, Dirk (Hrsg.) (2000) S. 18.
[130] Vgl. hierzu auch Joisten, Karen (2003): Philosophie der Heimat – Heimat der Philosophie. S. 305.
[131] Flusser, Vilém (1998): Vom Subjekt zum Projekt. S. 126.
[132] Vgl. hierzu auch Joisten, Karen (2003): Philosophie der Heimat – Heimat der Philosophie. S. 306.
[133] Vgl. hierzu auch Hochscheid, Kai (2006): Vilém Flusser: Kommunikation und menschliche Existenz. In: Moebius, Stephan, Quadflieg, Dirk (Hrsg.) (2006) S. 465.
[134] Vgl. hierzu und zum fünfstufigen Modell Flusser, Vilém (1999): Ins Universum der technischen Bilder. S. 10 ff.
[135] Flusser, Vilém (1999): Ins Universum der technischen Bilder.S. 11.
[136] Flusser, Vilém (1999): Ins Universum der technischen Bilder. S. 12
[137] Vgl. Flusser, Vilém (1999b): Ins Universum der technischen Bil-

der. S. 13.

138 Flusser, Vilém (1999): Ins Universum der technischen Bilder. S. 13.

139 Flusser, Vilém (1999): Ins Universum der technischen Bilder. S. 14.

140 Flusser, Vilém (1999): Ins Universum der technischen Bilder. S. 23.

141 Vgl. hierzu ausführlicher Bidlo, Oliver (2006): Martin Buber - Ein vergessener Klassiker der Kommunikationswissenschaft? Und derselbe (2009, in Vorbereitung): Telematik und Dialog.

142 Flusser, Vilém (2003): Kommunikologie. S. 286.

143 Flusser, Vilém (2003): Kommunikologie. S. 287-288.

144 Vgl. hierzu und dem Folgenden Bidlo, Oliver (2006): Martin Buber – Ein vergessener Klassiker der Kommunikationswissenschaft? S. 7 ff.

145 Vgl. Strohmaier, Eckart (1979): Dialoge des Sokrates. S. 102 ff.

146 Für eine kommunikationswissenschaftliche Untersuchung des maieutischen Dialogs vgl. Hanke, Michael (1986): Der maieutische Dialog.

147 Flusser, Vilém (2003): Kommunikologie. 293.

148 Flusser, Vilém (2003): Kommunikologie. S. 295.

149 Röller, Nils, Wagnermaier, Silvia (Hrsg.) (2003): Absolute Vilém Flusser. S. 25.

150 Flusser, Vilém (2003): Kommunikologie. S. 17.

151 Flusser, Vilém (2002): Medienkultur. S. 122.

152 Buber, Martin (1962) S. 598.

153 Flusser, Vilém (2003): Kommunikologie. S. 20; für die weitere Darstellung vgl. ebd. S. 21-27.

154 Flusser, Vilém (2003): Kommunikologie. S. 22.

155 Flusser, Vilém (2003): Kommunikologie. S. 23.

156 Flusser, Vilém (2003): Kommunikologie. S. 25.

157 Flusser, Vilém (2003): Kommunikologie. S. 27.

158 Flusser, Vilém (2003): Kommunikologie. S. 28.

159 Grube, Gernot: Vilém Flusser – Mundus ex machina. In: Lagaay, Alice, Lauer, David (Hrsg., 2004) S. 178.

160 Flusser, Vilém (2003): Kommunikologie. S. 271.

161 Flusser, Vilém (1999): Ins Universum der technischen Bilder. S. 70.

162 Flusser, Vilém (2002): Medienkultur. S. 117.

163 Flusser, Vilém (2002): Medienkultur. S. 117-118.

164 Vgl. Buber, Martin (1962): Werke. Band I: Schriften zur

Philosophie. S. 120, S. 87, S. 105 und S. 129.
[165] Flusser, Vilém (1999): Ins Universum der technischen Bilder. S. 72
[166] Flusser, Vilém (1999): Ins Universum der technischen Bilder. S. 72
[167] Flusser, Vilém (2003): Kommunikologie. S. 292.
[168] Vgl. Hartmann, Frank (1999): Medienphilosophie. S. 280.
[169] Vgl. Joisten, Karen (2003): Philosophie der Heimat – Heimat der Philosophie. S. 274.
[170] Flusser, Vilém (2002): Die Schrift. S. 11-12.
[171] Flusser, Vilém (2002): Medienkultur. S. 61.
[172] Flusser, Vilém (2002): Medienkultur. S. 63.
[173] Flusser, Vilém (2002): Medienkultur. S. 63.
[174] Flusser, Vilém (2002): Medienkultur. S. 66.
[175] Flusser, Vilém (1993): Lob der Oberflächlichkeit. S. 282-283.
[176] Flusser, Vilém (1998): Vom Subjekt zum Projekt. S. 32.
[177] Flusser, Vilém (1998): Vom Subjekt zum Projekt. S. 34.
[178] Vgl. Bidlo, Oliver (2006): Martin Buber – Ein vergessener Klassiker der Kommunikationswissenschaft? S. 183 ff.
[179] Flusser, Vilém (1993): Lob der Oberflächlichkeit. S. 284.
[180] Flusser, Vilém (1998): Vom Subjekt zum Projekt. S. 34.
[181] Flusser, Vilém (2002): Medienkultur. S. 215.
[182] Flusser, Vilém (2002): Medienkultur. S. 203.
[183] Flusser, Vilém (2002): Medienkultur. S. 214.
[184] Vgl. auch Joisten, Karen (2003): Philosophie der Heimat – Heimat der Philosophie. S. 280.
[185] Vgl. den Hypertext unter http://www.ruhr-uni-bochum.de/www-public/niehaabp/Telemat/netz.htm
[186] Flusser, Vilém (1999): Ins Universum der technischen Bilder. S. 71.
[187] Flusser, Vilém (2002): Medienkultur. S. 120.
[188] Flusser, Vilém (2002): Medienkultur. S. 121.
[189] Buber, Martin(1962): Werke. Band I: Schriften zur Philosophie. S. 421.
[190] Neswald, Elizabeth (1998): Medientheologie. S. 150.
[191] Flusser, Vilém (2000): Telematik: Verbündelung oder Vernetzung? In: Matejovski, Dirk (Hrsg.) (2000) S. 208.
[192] Flusser, Vilém (2000): Telematik: Verbündelung oder Vernetzung? In: Matejovski, Dirk (Hrsg.) (2000) S. S. 208-209.
[193] Flusser, Vilém (1993): Die Informationsgesellschaft als Regen-

wurm. In: Kaiser, Gert, Matejovski, Dirk u.a. (Hrsg.) (1993) S. 77.
[194] Flusser, Vilém (2000): Telematik: Verbündelung oder Vernetzung? In: Matejovski, Dirk (Hrsg.) (2000) S. 209.
[195] Flusser, Vilém (2003): Gespräch mit Florian Rötzer, München 1991. In: Röller, Nils, Wagnermair, Silvia (Hrsg.) (2003) S. 20-21.
[196] Flusser, Vilém (1993): Die Informationsgesellschaft als Regenwurm. In: Kaiser, Gert, Matejovski, Dirk u.a. (Hrsg.) (1993) S. 77.
[197] Flusser, Vilém (1993): Die Informationsgesellschaft als Regenwurm. In: Kaiser, Gert, Matejovski, Dirk u.a. (Hrsg.) (1993) S. 77.
[198] Flusser, Vilém (1993): Die Informationsgesellschaft als Regenwurm. In: Kaiser, Gert, Matejovski, Dirk u.a. (Hrsg.) (1993) S. 77.
[199] Flusser, Vilém (2000) S. 18.
[200] Vgl. Bidlo, Oliver (2006): Martin Buber – Ein vergessener Klassiker der Kommunikationswissenschaft? S. 228
[201] Flusser, Vilém (1993): Die Informationsgesellschaft als Regenwurm. In: Kaiser, Gert, Matejovski, Dirk u.a. (Hrsg.) (1993) S. 76.
[202] Flusser, Vilém (2003): Gespräch mit Florian Rötzer, München 1991. In: Röller, Nils, Wagnermair, Silvia (Hrsg.) (2003) S. 14-15.
[203] Vgl. Matussek, Peter (2000): Mediale Praktiken. S. 18.
[204] Heibach, Christiane (2000): Literatur im Internet: Theorie und Praxis einer kooperativen Ästhetik. S. 52.
[205] Flusser, Vilém (1999): Ins Universum der technischen Bilder. S. 95.
[206] Vgl. hierzu und im Folgenden Bidlo, Oliver (2008): Das Leben ist ein Spiel. In: Thepakos (Ausgabe 7, 2008) S. 40 ff.
[207] Schiller, Friedrich (1995): Über die ästhetische Erziehung des Menschen. S. 63.
[208] Naica-Loebell, Andrea (2001): „Es stellt sich letztlich heraus, dass Information ein wesentlicher Grundbaustein der Welt ist". Interview mit Prof. Dr. Anton Zeilinger.
[209] Naica-Loebell, Andrea (2004): Und Gott würfelt nicht. Aber würfeln die Quantenphysiker?
[210] Flusser, Vilém (1999): Ins Universum der technischen Bilder. S. 97.
[211] Vgl. Flusser, Vilém (1999): Ins Universum der technischen Bilder. S. 98.
[212] Flusser, Vilém (1999): Ins Universum der technischen Bilder. S. 102.

[213] Flusser, Vilém (2002): Medienkultur. S. 188.
[214] Flusser, Vilém (2002): Medienkultur. S. 188.
[215] Zu den Flusser Studies vgl. http://www.flusserstudies.net, Zugriff am 15.08.2008.
[216] Vgl. Grasmuck, Volker (2004): Freie Software. S. 285.
[217] Flusser, Vilém (1999): Ins Universum der technischen Bilder. S. 104.
[218] Flusser, Vilém (1999): Ins Universum der technischen Bilder. S. 105.
[219] Vgl. allgemein Mannheim, Karl (1952): Ideologie und Utopie, und Elias, Norbert (1971): Sociology of Knowledge. New Perspektives. In: Sociology, Jg. 5 (1971), Nr. 2+3, S. 149-168 und 355-370.
[220] Vgl. Hartmann, Frank (2002): Wissensgesellschaft und Medien des Wissens. Unter http://www.sws-rundschau.at/archiv/SWS_2002_3_Hartmann.pdf, S. 10 Zugriff am 25.09.2008.

Verwendete Literatur

Albrecht, Jörg (1990): Vom Ende der bürgerlichen Kultur. Ein Gespräch mit Vilém Flusser. In: Rapsch, Volker (Hrsg.) (1990) S. 35-44

Asendorf, Christoph (2007): „Knoten des zwischenmenschlichen." Über Architektur und Kommunikation. International Flusser Lectures, hrsg. von Marcel Marburger, Silvia Wagnermaier und Siegfried Zielinski, Verlag Walter König, Köln

Bidlo, Oliver (2006): Martin Buber – Ein vergessener Klassiker der Kommunikationswissenschaft? Dialogphilosophie in kommunikationswissenschaftlicher Perspektive. Tectum, Marburg

Bidlo, Oliver (2007): Dialog und Kommunikation. Martin Buber und die Kommunikationswissenschaft. In: Geier, Fabian, Spahn, Andreas, Spahn Christian (Hrsg.) (2007) S. 124-140

Bidlo, Oliver (2008): Das Leben ist ein Spiel. Anmerkungen zu einem Begriff der Moderne. In: Thepakos+. Interdisziplinäre Zeitschrift für Theater und Theaterpädagogik. Ausgabe 7, 2008, S. 40-44

Bidlo, Oliver (2009, in Vorbereitung): Telematik und Dialog. Vilém Flussers Rekurs auf Martin Buber. In: Fahle, Oliver, Hanke, Michael (Hrsg.) (2009, in Vorbereitung)

Böckenhoff, Josef (1970): Die Begegnungsphilosophie. Ihre Geschichte - Ihre Aspekte. Karl Alber, Freiburg, München

Buber, Martin (1962): Werke. Band I: Schriften zur Philosophie. Kösel, München und Lambert Schneider, Heidelberg

Buber, Martin (1963): Werke. Band III: Schriften um Chassidismus. Kösel, München und Lambert Schneider, Heidelberg

Elias, Norbert (1971): Sociology of Knowledge. New Perspektives. In: Sociology, Jg. 5 (1971), Nr. 2+3, S. 149-168

und S. 355-370.
Fahle, Oliver, Hanke, Michael (Hrsg.) (2009, in Vorbereitung): Technobilder und Kommunikologie. Die Medientheorie Vilém Flussers. Parerga, Berlin
Flusser, Vilém: Sprache, Technik, Kunst. Gespräch mit Joachim Lenger unter http://www.hjlenger.de/flusser.htm Zugriff 31.08.2008
Flusser, Vilém (1969): Auf der Suche nach Bedeutung. http://www.equivalence.com/labor/lab_vf_autobio.shtml Zugriff am 15.08.2008
Flusser, Vilém (1983): Für eine Philosophie der Fotografie. European Photography, Göttingen
Flusser, Vilém (1986): Das Foto als nach-industrielles Objekt. Zum ontologischen Status von Fotografien. In: Jäger, Gottfried (Hrsg.) (2001) S. 15-27
Flusser, Vilém (1993): Die Informationsgesellschaft als Regenwurm. In: Kaiser, Gert, Matejovski, Dirk u.a. (Hrsg.) (1993) S. 69-78
Flusser, Vilém (1993): Die Revolution der Bilder. Der Flusser-Reader zu Kommunikation, Medien und Design. Bollmann, Mannheim
Flusser, Vilém (1993): Vom Stand der Dinge. Eine kleine Philosophie des Designs. Herausgegeben von Fabian Wurm. Steidl Verlag, Göttingen
Flusser, Vilém (1993): Gesten. Versuch einer Phänomenologie. Bollmann Verlag, Mannheim, Düsseldorf
Flusser, Vilém (1993): Nachgeschichte. Eine korrigierte Geschichtsschreibung. Bollmann Verlag, Mannheim, Düsseldorf
Flusser, Vilém (1993): Lob der Oberflächlichkeit. Für eine Phänomenologie der Medien. Bollmann Verlag, Bensheim, Düsseldorf
Flusser, Vilém (1993): Dinge und Undinge. Phänomenologische Skizzen. Carl Hanser Verlag, München, Wien
Flusser, Vilém (1996): Zwiegespräche. Interviews 1967-1991.

Hrsg. von Klaus Sander, European Photography, Göttingen
Flusser, Vilém (1998): Vom Subjekt zum Projekt. Menschwerdung. Hrsg. von Stefan Bollmann und Edith Flusser, Fischer, Frankfurt/Main
Flusser, Vilém (1999): Bodenlos. Eine philosophische Autobiographie. Fischer Taschenbuch, Frankfurt/Main
Flusser, Vilém (1999): Ins Universum der technischen Bilder. European Photography, Göttingen
Flusser, Vilém (2000): Briefe an Alex Bloch. Hrsg. von Edith Flusser und Klaus Sander, European Photography, Göttingen
Flusser, Vilém (2000): Die Informationsgesellschaft: Phantom oder Realität? In: Matejovski, Dirk (Hrsg.) (2000) S. 11-18
Flusser, Vilém (2000): Telematik: Verbündelung oder Vernetzung? In: Matejovski, Dirk (Hrsg.) (2000) S. 204-210
Flusser, Vilém (2002): Medienkultur. Fischer Taschenbuch, Frankfurt/Main
Flusser, Vilém (2002): Für eine Phänomenologie des Fernsehens. In: Derselbe (2002):Medienkultur. S. 103-123
Flusser, Vilém (2002): Die Schrift. Hat Schreiben Zukunft? European Photography, Göttingen
Flusser, Vilém (2003): Die brasilianische Sprache. In: Röller, Nils, Wagnermair, Silvia (Hrsg.) (2003) S. 33-46
Flusser, Vilém (2003): Kommunikologie. Fischer Taschenbuch, Frankfurt/Main
Flusser, Vilém (2003): Krise der Linearität. In: Röller, Nils, Wagnermair, Silvia (Hrsg.) (2003) S. 71-84
Flusser, Vilém (2003): Gespräch mit Florian Rötzer, München 1991. In: Röller, Nils, Wagnermair, Silvia (Hrsg.) (2003) S. 7-21
Flusser, Vilém (2007): Von der Freiheit des Migranten. Einsprüche gegen den Nationalismus. Europäische Verlagsanstalt (eva), Hamburg
Geier, Fabian, Spahn, Andreas, Spahn, Christian (Hrsg.) (2007): Perspektiven philosophischer Forschung. Oldib Verlag,

Essen

Grasmuck, Volker (2004): Freie Software. Zwischen Privat- und Gemeineigentum. Bundeszentrale für politische Bildung, Bonn

Grayling, A.C. (o.J.): Wittgenstein. Heder Verlag, Freiburg, Basel, Wien

Grube, Gernot (2004): Vilém Flusser – Mundus ex machina. In: Lagaay, Alice, Lauer, David (Hrsg.) (2004) S. 173-199

Hanke, Michael (1986): Der maieutische Dialog. Kommunikationswissenschaftliche Untersuchungen zur Struktur und Anwendbarkeit eines Modells. Rader, Aachen

Hanke, Michael (2006): Vilém Flussers *Sprache und Wirklichkeit* von 1963 im Kontext seiner Medienphilosophie. In: Flusser Studies 02, Mai 2006, http://www.flusserstudies.net /pag/02/sprache-wirklichkeit02.pdf, Zugriff 15.08.2008

Hartmann, Frank (1999): Medienphilosophie. WUV-Universitätsverlag, Wien

Hartmann, Frank (2002): Wissensgesellschaft und Medien des Wissens. Unter http://homepage.univie.ac.at/frank.hart mann/docs/wissensgesellschaft.pdf, Zugriff 20.09.2008

Heibach, Christiane (2000): Literatur im Internet: Theorie und Praxis einer kooperativen Ästhetik. Berlin, dissertation.de Verlag im Internet, unter http://www.dissertation.de/PDF/ch267.pdf, Zugriff am 29.09.2008

Heinrichs, Weilfried, Rump, Gerhard Charles (Hrsg.) (1979): Dialoge. Beiträge zur Interaktions- und Diskursanalyse. Gertenberg, Hildesheim

Hubík, Stanislav (2007): Das technische Bild und der logische Bau: Flusser und Wittgenstein. In: Flusser Studies 05, November 2007, http://www.flusserstudies.net/pag/05/Das-technische-bild.pdf, Zugriff 20.09.2008

Hochscheid, Kai (2006): Vilém Flusser: Kommunikation und menschliche Existenz. In: Moebius, Stephan, Quadflieg, Dirk (Hrsg.) (2006) S. 463-470

Jäger, Gottfried: Freiheit im Apparatenkontext. In: Flusser, Vilém (1993) S. 223-224

Jäger, Gottfried (2001) (Hrsg.): Fotografie denken. Über Vilém Flussers Philosophie der Medienmoderne. Kerber Verlag, Bielefeld

Joisten, Karen (2003): Philosophie der Heimat – Heimat der Philosophie. Akademie Verlag, Berlin

Kant, Immanuel (1977): Kritik der reinen Vernunft. Werke in zwölf Bänden. Herausgegeben von Wilhelm Weischedel. Band 3, Suhrkamp, Frankfurt am Main

Keupp, Heiner (o.J.): Fragmente oder Einheit? Wie heute Identität geschaffen wird. Unter: http://www.ipp-muenchen.de/texte/fragmente_oder_einheit.pdf, Zugriff am 20.09.2008

Koeltzsch, Ines (2007): Gustav Flusser. Biographische Spuren eines deutschen Juden in Prag vor dem zweiten Weltkrieg. In: Flusser Studies 05, November 2007, unter http://www.flusserstudies.net/pag/05/Gustav-Flusser.pdf, Zugriff 20.09.2008

Krause, Gustavo Bernardo (2006): Brasilianische Philosophie? Philosophieren in situ. Unter: http://paginas.terra.com.br /arte/dubitoergosum/ar12.htm Zugriff 20.09.2008

Lagaay, Alice, Lauer, David (Hrsg., 2004): Medientheorien. Eine philosophische Einführung. Campus, Frankfurt, New York

López, Justo Fernández (o.J.): Sinn und Bedeutung bei Ludwig Wittgenstein. Unter :http://culturitalia.uibk.ac.at/ hispanoteca/lexikon%20der%20linguistik/si/SINN%20 und%20BEDEUGUNG%20bei%20Ludwig%20Wittgenstein.htm, Zugriff 20.09.2008

Lovink, Geert (2003): Dark Fiber. Auf den Spuren einer kritischen Internetkultur. Bundeszentrale für politische Bildung, Bonn

Mannheim, Karl (1952): Ideologie und Utopie. Schulte-Bulmke, Frankfurt/Main

Matussek, Peter (2000): Mediale Praktiken. Unter: http://peter-matussek.de/Pub/A_29.pdf, Zugriff 20.09.2008

McLuhan, Marshall (1968): Die Gutenberg-Galaxis. Das Ende des Buchzeitalters. Econ, Düsseldorf, Wien

McLuhan, Marshall (1978): Wohin steuert die Welt? Massenmedien und Gesellschaftsstruktur. Europa, München, Wien, Zürich

Mersch, Dieter (2006): Medientheorien zur Einführung. Junius, Hamburg

Moebius, Stephan, Quadflieg, Dirk (Hrsg.) (2006): Kultur. Theorien der Gegenwart. VS Verlag, Wiesbaden

Naica-Loebell, Andrea (2001): „Es stellt sich letztlich heraus, dass Information ein wesentlicher Grundbaustein der Welt ist". Interview mit Prof. Dr. Anton Zeilinger. Unter http://www.heise.de/tp/r4/artikel/7/7550/1.html Zugriff am 20.09.2008

Naica-Loebell, Andrea (2004): Und Gott würfelt nicht. Aber würfeln die Quantenphysiker? Unter http://www.heise.de/tp/r4/artikel/7/7550/1.html Zugriff am 20.09.2008

Neswald, Elizabeth (1998): Medientheologie. Das Werk Vilém Flussers. Böhlau, Köln, Weimar, Wien

Pichler, Alois, Hrachovec, Herbert (Hrsg.) (2008): Wittgenstein and the Philosophy of Information. Proceedings of the 30th International Ludwig Wittgenstein-Symposium in Kirchberg, 2007, Ontos Verlag, Frankfurt/Main

Rapsch, Volker (Hrsg.) (1990): Über Flusser. Die Festschrift zum 70. von Vilém Flusser. Bollmann, Düsseldorf

Röller, Nils, Wagnermaier, Silvia (Hrsg.) (2003): Absolute Vilém Flusser. Orange Press, Freiburg

Rump, Mark C. (2001): Denkbilder und Denkfotografien. In: Jäger, Gottfried (Hrsg.) (2001), S. 39-60.

Schiller, Friedrich (1995): Über die ästhetische Erziehung des Menschen. Reclam, Stuttgart

Störig, Hans Joachim (1996): Kleine Weltgeschichte der Philosophie. Fischer Verlag, Frankfurt/Main

Strohmaier, Eckart: Dialoge des Sokrates. In: Heinrichs, Weilfried, Rump, Gerhard Charles (Hrsg.) (1979) S. 99-115

Thepakos+. Interdisziplinäre Zeitschrift für Theater und Theaterpädagogik. Ausgabe 7, 2008, Oldib Verlag, Essen

Vargas, Milton: Vilém Flusser in Brasilien – Nachwort. In: Flusser, Vilém (1999): Bodenlos. S. 297-286.

Weber, Stefan (Hrsg.) (2003): Theorien der Medien. UVK, Konstanz

Weitere Einführungen aus dem Oldib Verlag

Patrick Peters: **Edda**. Einführung.

Frank Weinreich: **Fantasy**. Einführung.

Alexander Berens: **Europa**. Einführung.

Anja Stürzer: **Shakespeare**. Einführung.

Tanja Bidlo: **Theaterpädagogik**. Einführung.

Thepakos$^+$

Interdisziplinäre Zeitschrift für Theater und Theaterpädagogik

Thepakos$^+$ wirft 3-mal jährlich einen interdisziplinären Blick auf das Theater und die Theaterpädagogik. Ein solcher Blick greift auf unterschiedliche Disziplinen zurück und wechselt gleichzeitig zwischen Theorie, Praxis und Ästhetik. Als solches finden sich Perspektiven aus der Theaterpädagogik, Soziologie, Philosophie, Pädagogik, Theaterwissenschaft, Germanistik oder der Kommunikationswissenschaft, die sich in unterschiedlichen Beiträgen niederschlagen. Praktische Ausformungen der theaterpädagogischen Arbeit sind – dem Wesen des Faches nach – unerlässlich und zwingend. Somit liegt in der Vermittlung zwischen Theorie und Praxis ein weiteres – neben der Interdisziplinarität – Selbstverständnis der Zeitschrift.

Weitere Einführungen, Verlagsprogramm und Bestellmöglichkeit unter www.oldib-verlag.de oder per Mail an: info@oldib-verlag.de.